U0907464

FCS用40年的经验告诉我们:
学习不是花大量的时间坐在教室的硬板凳上,
躲避所有的诱惑,爱学和会学才是硬道理。

世界上真的存在快乐且高效的教育

There really is a happy and efficient education in the world

Philip O'Carroll
Faye Berryman

Fitzroy Community School

A school you are most likely to opt for

神奇学校

[澳] 菲利普·奥卡洛
菲·贝里曼 著
李红艳 译

这可能是你最想上的学校

天地出版社 | TIANDI PRESS

图书在版编目（CIP）数据

神奇学校：这可能是你最想上的学校 /（澳）菲利普·奥卡洛,（澳）菲·贝里曼著；李红艳译.— 成都：天地出版社, 2019.6

ISBN 978-7-5455-4798-6

Ⅰ.①神… Ⅱ.①菲… ②菲… ③李… Ⅲ.①中小学－教育理论－澳大利亚②中小学－办学经验－澳大利亚 Ⅳ.①G639.712

中国版本图书馆CIP数据核字（2019）第067616号

版权登记号 图字：21-2019-199

SHENQI XUEXIAO: ZHE KENENG SHI NI ZUI XIANG SHANG DE XUEXIAO

神奇学校：这可能是你最想上的学校

出品人 杨 政
作　者 ［澳］菲利普·奥卡洛 菲·贝里曼
译　者 李红艳
责任编辑 杨永龙 李晓娟
封面绘画 潘若霓
装帧设计 视觉共振设计工作室 010-62015184 774038217@QQ.COM
内文排版 北京精图博文图文设计工作室
责任印制 葛红梅

出版发行 天地出版社
（成都市槐树街 2 号 邮政编码：610014）
（北京市方庄芳群园 3 区 3 号楼 邮政编码：100078）
网　址 http://www.tiandiph.com
电子邮箱 tianditg@163.com
经　销 新华文轩出版传媒股份有限公司

印　刷 北京文昌阁彩色印刷有限责任公司
版　次 2019年6月第1版
印　次 2019年6月第1次印刷
开　本 787mm×1092mm 1/32
印　张 7.75
字　数 124千字
定　价 68.00元
书　号 ISBN 978-7-5455-4798-6

咨询电话：（028）87734639（总编室）
购书热线：（010）67693207（营销中心）

小丸子和FCS的孩子一起上体育课

这所澳大利亚学校
用四十年的光阴来佐证教育

◎ 李红艳

FCS
FCS
FCS
FCS
FCS

这里的孩子学习时间比别人短：8:50晨会，9:20才开始上课，随时有学生陆陆续续到厨房找吃的，下午2:50就放学，中间还要去户外公园上体育课，每天都有“做什么都可以”的自由时间；整个学校一学年有二十几次营地活动，还要外出参加各种体育比赛……几乎没有全体学生在学校的时候，有时候学校还会变“空城”。总之，孩子们不是在玩就是在吃，再不然就是去探险，最后才轮到学习。

这所学校并非出现在儿童幻想小说里，而是在澳大利亚墨尔本真实存在的一所小学，尤其让人惊叹的是，对学习这么不上心的学校，其考试成绩在维多利亚州一直名列前茅，而且还曾经获全州第一！

你是不是特别好奇，这所学校究竟掌握了什么魔法？你是不是跟我一样，梦想在自己的孩子长大前在中国也有一所这样的学校？

每天都有
“做什么都可以”
的自由时间

校长蒂姆给孩子朗读冒险故事

2018 年夏天，我去澳大利亚墨尔本做访问学者，我给女儿申请了一所学校去插班，我万万没有想到，我们就像爱丽丝不小心掉进了兔子洞一样。

从北半球到南半球，从夏天到冬天，从中国的应试教育体系的公立教育到墨尔本的个性学校——这所学校最初开在一个人家里，既非公立也非贵族私立，学生除了吃就是玩，然后才轮到学习。

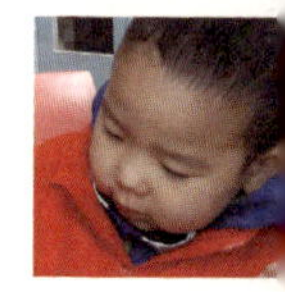

四周后访学结束，回到国内后女儿不止一次念叨想念那里的学校生活，其实不只是她，连我也一样。尊重、平等、友好、轻松、欢快、自然的学校氛围，如果你曾经置身其中并乐在其中，等到离开后，那种失落的感觉可想而知。

尊重、平等

友好、轻松

欢快、自然

这是一所个性化学校

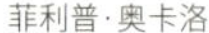

菲利普·奥卡洛

菲·贝里曼

不起眼的校门

什么叫个性化学校？就是有一对年轻父母给自己的孩子找学校，对所有的学校都不满，一拍脑门儿就自己办的学校。

女儿短暂体验的这所学校，名叫菲茨洛伊社区学校（Fitzroy Community School，简称FCS），坐落在离墨尔本市中心三公里远的菲茨洛伊区，只有65名学生。学校为5～12岁的孩子提供7年的教育，包括一年学前班和六年小学。

第一天去，来到那座古老的居民排屋门前，女儿脸上写着大大的疑惑：这就是学校？至少该有个校门吧。而这显然就是普通的住家房屋。

摄于21世纪初的全家福

去澳大利亚之前，我对 FCS 做过了解，知道这是一所真正的非主流学校，在澳大利亚被称为“Alternative School”，即个性化学校。

澳大利亚的学校分为三类：数量最多的是公立学校，完全由政府资助；其次是教会学校，得到政府大部分资助；最后是独立学校：得到政府资助最少，平均只有公立学校的一半。个性化学校属于独立学校，但是区别于学费高昂、主要服务于富人家庭的私立学校，虽然后者也属于独立学校。

20 世纪 70 年代澳大利亚出现过一股反思教育的思潮，

学校成立早期，师生们在大篷车前合影。菲利普一家曾住过大篷车，一个孩子还是在车上出生的

很多父母开始质疑传统的公立、私立以及教会学校，于是涌现出一些有着自由理念和鲜明特色的小型学校。

菲和菲利普就是当时有教育理念的一对年轻父母，他们想为自己的孩子找到理想学校，但试过几所个性化学校后，却没有找到真正让他们认同的。他们最终决定自己来办一所学校，于是 FCS 于 1976 年正式成立，1977 年开始招生，学校就设在他们自己的房子里，并且一直保持到现在。

曾经担任中学教师的菲是 FCS 的首任校长，她也一直负责英语教学至今；而曾是大学教师的菲利普教数学，并主管行政，现在他主要教哲学和“文化历史”课。2004 年他们的大儿子蒂姆接任校长后，又在离学校不远处成立了分校，目前分校有 40 多名学生。

FCS让我联想到了夏山学校，而它确实跟夏山学校也有些渊源，例如：菲利普和菲在创校时曾多次讨论过夏山学校创始人尼尔的观点；现任校长蒂姆的论文，曾将夏山学校作为个性化学校的代表来论述儿童个体赋能与和平文化建设的关系。

蒂姆还曾造访夏山学校，并向其现任校长、尼尔的女儿祖伊发出了访问 FCS 的邀请。两所学校在信奉尊重、爱和自由的教育理念上是一致的，只是具体做法各具特色。

个性化学校，顾名思义，就是非主流。即使对澳大利亚人来说，进入这种学校的孩子也是少数。所以当听说我的女儿在 FCS 短期学习，墨尔本大学的同事都颇为好奇：哦，是吗？这个学校是个非主流学校，一定很有意思吧？

第一任校长菲年轻时

菲利普和早年的校车

新校区的厨房

学习只排第三位的学校，排第一位和第二位的是快乐和活力。

我白天有工作，常在晚上问问女儿当天在学校的情况。说真的，她津津乐道的那些活动，让我都非常向往，我经常感叹：你这是每天都在度假啊，至少是在参加夏令营吧。

以下是我能记住的一些活动：

在咖啡馆上数学课，并且由老师请客喝巧克力

去电影院看电影

去州立图书馆学习书写中世纪的拉丁文

在英文老师的厨房喝茶读诗，上英文课

全体学生参加的每日晨会

提供美味的午餐，包括周三的烧烤

厨房里随时供应活动水果和点心

被分配去给低龄的学生辅导课业

每周三雷打不动的游泳课，以及课后的糖果时间

在学校对面硕大的公园里上体育课，做有趣的游戏

每天一节课的自由时间

每天放学前的集体分工大扫除

有一次我见到校长兼数学老师蒂姆，忍不住问他：为什么要带孩子们去咖啡馆上数学课呢？他顿了一秒钟，然后说："我们大人有时候也喜欢去咖啡馆去看书学习啊，那天正好一部分孩子去营地活动了，剩下的孩子人数不多，所以也适合去咖啡馆……他们在那里都学得很认真！"

是的，女儿也说，同学们在那里很认真地做题，遇到问题就去问蒂姆，他会放下咖啡，很耐心地解答每个学生的问题。回北京后，女儿至少两次提到咖啡馆的事儿，提出让我哪天也带她去咖啡馆里学习。可当我提议家附近的那几家咖啡馆时，她又泄气了：还是别去了吧，那里人太多。

嬉水

咖啡馆里上数学课这件事儿，以及所有那些让孩子们感兴趣的活动，在我看来，都体现出 FCS 所秉持的“先人后事”（People Before Things）的原则，即将孩子们的利益、感受和成长放在第一位。

学校的课程表，外人一眼看上去不容易搞明白，而且课程表并非固定不变，老师根据情况可以灵活调整。

每周的周三和周五，就只安排极少的正式科目。低年级的孩子更是有大量自由时间。周三下午是所有孩子雷打不动的游泳课，学校常年聘有一位非常优秀的游泳教练。几年下来，这里的孩子水性都非常好。周五有各种选修课和自由时间，包括戏剧排练、乐器学习、法语学习等。

关于 FCS 的学年课表，最与众不同的还有一点，就是除了体育比赛和集训外，每学年他们还有差不多二十次营地活动。这些营地活动，大多是在农场和森林等自然环境下的自由式营地活动。

孩子们可以爬树

营地里玩泥巴

孩子们自得其乐

FCS 老师对他们的自由式营地活动津津乐道。跟一般学校高度组织化的营地活动最大的不同就是，孩子们完全是自由发挥，利用营地简陋的工具，就地取材，筑水坝、建木屋等，想怎么玩儿就怎么玩儿。营地的住宿，也非常简单，通常是连电都没有。

跟我们同去澳大利亚的还有女儿的同学一家。同学的弟弟是 6 岁男孩，有一次他参加了学校一个当天往返的营地活动，往返的交通也是靠家长贡献的车辆。孩子们回到学校时的样子，让他的妈妈看呆了：一群孩子个个都跟泥猴儿似的，

家长志愿者包饺子

艺术课

从车上下来的时候都光着脚，手里拎着满是泥巴的鞋子，有的还流着鼻涕（五六岁的孩子），小脸儿被风吹得红红的，但是每个孩子都很开心。

这位妈妈每周有两三天会在学校帮忙做午餐，所以她比我有更多观察的机会。

她英文不好没法跟周围人交流，但恰恰因为这个，她的观察反而更为细致，也更为有趣。她说：感觉这里的孩子都没有多少学习时间，8:50晨会，9:20才开始上课，随时有学生陆陆续续来厨房找吃的，下午2:50就放学，中间还有户外公园的体育课，以及做什么都可以的自由时间。更别说，经常会有哪一组学生去参加营地活动，或者外出参加体育比赛，等等，所以基本很少有全体学生在场的情况。总之，据她说，看上去学生大部分时间是在玩和吃，其次才是学习。

学生带领客人参观学校

孩子爱干什么就安排时间专门干这个

走路来上学

副校长无处不在

孩子们爱吃糖，所以在专门的吃糖日那天可以带糖到学校；孩子们喜欢自由，所以有专门的自由时间，可以干任何事情，也可以啥都不干，当然也可以睡觉。

在 FCS，我最大的感受之一，是这里的成年人对孩子像对大人那样尊重。

有一次我领着不到 3 岁的小儿子罗伊来学校，60 多岁、看上去严肃认真的副校长珍妮特弯下腰来特意问了我们儿子的名字，等我们第二次去的时候，她居然隔老远就叫出我儿子的名字，并且像问候大人一样地招呼他：“早上好，罗伊，你好吗？”那种语气和神态，压根儿就

厨房里的聚会

没把不到 3 岁的罗伊当小孩儿。

我经常看见这位副校长，在孩子的自由时间段，辗转于不同的孩子或小组之间，一会儿拿出个拼图玩具给孩子，一会儿又去跟另外的孩子讲些什么，或者问他们是否需要来杯茶之类的。

有一次，我亲眼看到珍妮特在院子里摆好茶具，十几个孩子围坐一圈开起了茶话会，主题是欢迎一个新来的老师。只见珍妮特一边娴熟地手持茶壶，一边问孩子们："谁想要在茶里面加奶？"语气里透着亲切和尊重，那副认真的样子令我感动。

这种对孩子的尊重甚至传递给了学校的大孩子们。参观学校时发生的一件事，让我印象深刻。

当时一个 9 岁女生领我参观，中途遇上了一个性格超级外向的 5 岁小女孩，小女孩一上来就"夺取"了导游的位置，眉飞色舞地给我们介绍。当大姐姐试图给我讲解时，小女孩居然伸出一只手捂住她的嘴巴。

这时大姐姐没有任何因被冒犯而羞恼的表情，只是很平和地等着小女孩把她想说的说完。当时我觉得这女生好有涵养。可能小女孩儿在校时间还短，但在这样一种环境的熏陶下，不难想象她会慢慢受到影响。

FCS 有专门的吃糖时间。起初学校并不允许孩子将糖果带到学校，后来发现孩子们会用各种办法将糖果“走私”进来，于是，学校做出规定，每周三游泳课后是糖果时间，每个孩子从家里带 1.5 澳元（后来改为 2 澳元），游泳课回来的路上可以在街角的小店买糖果回来吃。

我就看见过一个小女孩，在院子里坐着，一边舔着糖果一边甜蜜地发呆，注意到我在观察她，她就说：“好吃极了！”

自从实行这个政策，孩子们平日“走私”糖果的现象也没有了，而周三时光的幸福度也大大提升了。连我 12 岁的女儿也很喜欢这个活动，每个周三早上都不会忘跟我要 2 澳元。我想，对她来说，做这件事的自由感和新奇感可能远大过糖果的味道吧。

我的朋友还告诉我，有一天自由活动时间，有个孩子趴在桌子上似乎要睡着了，这时蒂姆过来对他说：“你困了是吗？那就到沙发上睡吧！”于是这个孩子就真的躺到厨房的沙发上，呼呼睡了半个下午。

这样的自由活动时间，居然一点也不显得嘈杂，因为孩子们都已经形成习惯，自觉地并且饶有兴味地干自己想干的事儿。

游泳后的休闲糖果时间，
孩子们吃糖特别慢，会慢慢舔，
好好品味小孩独有的享受

平等地围圈而坐能够激发智力对话

全体学生参加的晨会

学生拜访艺术家后制作的雕塑

不管是在老师的协调下学习，还是为一个问题展开讨论，围成一圈都非常有效。菲利普说，孩子们习惯了在这样一种氛围下平等协商和互帮互助，发展出很强的口语表达及解决问题的能力。

FCS 一直坚持小班制。根据他们的经验，班级人数保持在 12 人以下最好。学校普遍采用的做法是围成圈坐。12 个孩子围成一圈，一抬头谁都能看见谁，大家不分先后，体现着一种民主和平等的精神，确保每个人都能参与讨论，每个人的声音都能被听到。

事实上，升入中学后这些孩子大多崭露头角，显示出

混龄孩子一起玩耍

不一般的领导力，有一年7个毕业生中甚至有6个在新班级中担任班长。

后来我偶然通过维基百科了解，FCS所热衷的围坐一圈的讨论很像颇有苏格拉底风格的哈克尼斯讨论方法。这是慈善家爱德华·哈克尼斯于20世纪30年代资助并在美国优秀私立高中率先使用的教学方法。该方法的核心是所有学生坐成一圈开展自主讨论，每个学生都充分参与，并且是以合作而不是竞争的方式。该方法的关键在于让每个学生有参与讨论的技能，包括怎么让讨论持续进行下去，并且保持讨论的趣味性。

正因为如此，英文教室里那张由菲利普亲自打制的圆桌，在整个学校生活中发挥着举足轻重的作用。

在跟菲利普的谈话中，他好几次提到“intelligent conversation”，即智力对话。FCS 非常注重培养孩子进行智力对话的能力，也就是沟通的能力。孩子的沟通能力，是孩子在独立思考的基础上，与他人进行积极有效的互动。

小学生们的茶话会

学校对孩子沟通能力的培养，首先是在课程中渗透。老师在课堂学习以及作文练习中很注重让孩子表达自己的见解。一个四年级的孩子给我看她的作业本，指着一段话说这是她写的意见，也就是她的主张。

5、6 年级的孩子每年会参加全州的辩论赛，并且成绩优异。有时学校会作为辩论赛的主场。有一天早上我送孩子到学校，听说正好早上有一堂 3、4 年级的辩论课，请了维多利亚州辩论协会的人来讲。于是我申请去观摩了这堂课，非常有意思。

3、4年级的辩论课

除了这些特意安排的活动，学校对学生沟通能力的培养，更多是通过学校日常生活中所提供的各种机会。

3、4年级的辩论课

我第一次来学校，包括后来见过别的家长来参观，都是学生当向导。我还清楚地记得参观结束后，好几个孩子兴高采烈地围上来，跟我打招呼并寒暄。一个10岁左右的男孩，主动过来跟我握握手，像个小大人似的地问："你对墨尔本的印象怎么样？"我当时不得不忍住惊讶，非常认真地对这个小大人说："非常不错，很喜欢。"菲利普曾跟我谈到这一点："我们在平常的学校生活中很注重培养学生解决问题的能力。即使是上英文或数学这些正式课，如果现场临时出现了问题，我们会先把学习放一边，发动所有的人来讨论和解决这个问题。"

作为老师，他们不会直接对问题做出判断，而是鼓励孩子们通过相互讨论，共同就问题的解决达成一致意见。在这个过程中，老师只是一个协调者的角色，而孩子们总能找到解决方案。

真实生活的教育效果比正式课程更宽广

在营地

厨房是孩子社交的地方

菲和菲利普相信的一个理念是：学校即生活，生活即学校。这与20世纪中国教育家陶行知先生等所秉持的"生活即教育"以及杜威的"教育即生活"和"学校即社会"等理念很贴近。

在我跟菲利普和菲的一次聊天中，他们特别提到的一个概念就是学校的隐性课程。他们认为，虽然每个学校按照国家要求必须要完成正式课程，但是正式课程只是冰山的一角，一个学校真正的教育效果实际上取决于隐性课程。

他们所说的隐性课程，指的是学校里所渗透的一种生活方式，包括学校环境中人与人之间的关系。这体现在教

营地小猎人

育过程中的实际的日常做法，包括学校的政策、管理风格、教学方法，以及在这里的每个人的言谈举止和交往方式，等等。

“隐性课程”这个概念最先出自克罗地亚籍奥地利哲学家和神学家伊凡·伊里奇的著作《去学校化的社会》(*Deschooling Society*)。

伊凡·伊里奇挑战现代学校制度，他认为体制化的学校设置脱离生活现实，扼杀学生的个性和创造力，制造新的不平等，无助于实现真正的教育普及。真正的学习应该是立足于社区，扎根于生活。伊凡·伊里奇主张教育制度的变革，建立学习网络，将每个人生活中的每一个瞬间都转变为学习和分享的机会。

《去学校化的社会》这本书在 20 世纪 70 年代初面世，影响了很多人，菲和菲利普也在其中。他们在 1976 年成立学校时，就将滋养学生的精神作为办学的第一个教育原则，而要做到这一点，除了通过其精心设计的正式课程外，FCS

坚持小班制，以保证给予每个孩子足够的个人化支持，并且欢迎家长和其他成人参与学校的生活。他们认为，学校就好比是社会，这里的每一个成年人，其言谈举止及其与孩子的互动方式无时无刻不在影响孩子，这样的社会化教育，对孩子的影响并不比正式课程小。

自由使用锯和锤子

女儿有次提到她观察到的一个不同：体育课上，老师会让他们玩各种游戏，有时会打球。不管做什么，当有孩子出现失误时，老师总会说："Good try!" 女儿说，这让人感觉很好，不会有任何压力。

学校从来不像主流学校那样禁止孩子接触所谓的危险工具和风险活动，例如：厨房是开放的，孩子随时可以接触到刀具和厨具；院子里的木工一角放置的木工工具箱也没有上锁。

之所以这样做，是因为他们认为：孩子在现实生活中就需要接触这些东西，为什么不从小就让他们熟悉，并发展出

练习切菜

必要的自我保护能力呢？一味地避免让孩子接触危险物，并不能增强他们抵挡风险的能力。事实上，孩子们通过接触，掌握了工具的操作方法并喜欢上使用这些工具。

菲和菲利普从创校之初目标就非常明确，他们要办的是一所“社区”学校，是一个大家庭式的学校。多年来，学校秉持的一些具体做法，也在营造着这样的大家庭氛围。

例如，学校没有雇佣厨师，午餐都是老师和学生共同准备，还有不少家长志愿者也会来帮忙。厨房里贴着一张时间表，家长可以自愿在上面写上自己哪天来帮忙，每周三的烧烤，尤其需要家长的帮忙。

有时候我送孩子比较早，就会看到蒂姆或者其他老师或家长已经在为午餐做准备。这时如果有孩子来了，蒂姆就会招呼：“你想练习一下刀工吗？”然后递过刀和案板，孩子们就认认真真地切起菜来。我看到过一个 9 岁左右的男孩，切菜的动作比我 12 岁的女儿还娴熟。

每天放学后有固定的大扫除时间，孩子们根据值日表分工合作，已经形成习惯。另外，开放式厨房和随时可以取用的水果和点心，每周三的烧烤，以及周三下午的家长茶话会等，都已经成为学校文化的一部分。

放学后大扫除

厨房是最能体现大家庭氛围的地方。那两张桌子同时具有工作台和餐桌等多种功能。每个小学期（每年分为两个大学期、四个小学期），都会有一次由家长志愿者主要负责的包饺子活动，我凑巧也赶上过一次包饺子。每周三下午，这些桌子会被重新排列，各种点心水果摆上来，接孩子的家长陆续赶到，很多会留下来，一边喝茶一边聊天。

40 多年过去了，这种大家庭文化已经根深蒂固。作为临时访问者，我们在学校也同样有宾至如归的感觉。我的先生一开始还不好意思去，怕打扰人家，后来去了之后他也坦言，这种家庭文化带给他一种新鲜和亲切的感受。

菲利普跟我说，他们对家长采取开放政策，欢迎每一位家长来学校。家长有时可以帮忙做具体的事情，更重要的是，成人的在场为孩子们提供了一个自然的社会化环境。在这样的情境下，孩子们的行为表现更为自然，除了跟老师的日常交谈，还可以跟更多的成年人有接触和交流的机会。

有时候，某个孩子可能跟某位家长之间建立起深厚的友谊，而这样的关系，他们认为特别有助于孩子的健康成长。尤其是，有的孩子可能来自单亲家庭，而在学校这样一个安全的氛围下，他们能够跟不同性别的家长交流，建立友谊，这对他们的意义就更大。

FCS 所坚持的大家庭和“社区”的理念，也体现在他们对于困难家庭的帮助。对于那些因家庭变故而经济上困难的家庭，学校也会尽力伸出援助之手，用一笔援助金支持孩子的学费。这笔援助金是在征得所有家长的同意后，从学校总体的经费中专门拨出来的。

澳大利亚政府对独立学校的资助较少，而学校要生存就意味着家长要拿出比上公立学校更多的钱，那么没有这个能力的家长就会失去选择独立学校的权利。这在 FCS 看来是一种教育的不公平，为此他们多年来也在积极呼吁政府政策的改变。

蒂姆和高年级的大孩子

“正经”学习时间少，考试成绩却总是名列前茅

营地的落日

运动日

看上去孩子们花不少时间来玩耍，但是，任何一个FCS的老师都会很自信地告诉你，这里的孩子很会玩儿，同时也很会学习。

2008年开始澳大利亚政府针对每个学校的3、5、7、9年级的学生每年进行英语和数学水平测试。2011年，默默无闻的FCS曾一度成为公众焦点，因为他们5年级学生的英语成绩（阅读、拼写、写作、记叙文写作、语法和标点）在维多利亚州名列第一，其他年级的成绩也都不错。多年来，FCS的成绩在澳大利亚名列前茅。

当时有记者采访校长蒂姆，问他们为何取得如此优异

运动日

戏剧表演

的成绩。蒂姆回答："相比其他学校，我们学生用在英语和数学上的时间更少；在 FCS，学习只排到第三位，前两位分别是快乐和活力。"

在 FCS，学生被当作一个"完整的人"，学校关注的是学生的全面成长，重视人与人之间的互动和交流，以及独立思考的能力。学习成绩只是个副产品，而副产品不小心成了新闻，这对 FCS 来说有些意外，对此他们也是一副淡然处之的态度。

其实，FCS 学生成绩优秀的秘诀说到底只有一个，那就是让孩子觉得学习是自己喜欢做的、能让他们感到快乐的事情，就像他们喜欢游泳、玩水、打球、做游戏是一个道理。但是，有多少家长会在一开始就相信，在这样的学校里孩子可以学习玩耍两不误呢？

6 年的小学时光，我们希望收获一个天天埋头书本的学霸，还是一个快乐和有活力的小孩儿？

FCS 用 40 年的经验告诉我们，要把重心放在后者。学习不是花大量的时间坐在教室的硬板凳上，学习也不是将自己关在屋子里躲避所有的诱惑。爱学和会学才是硬道理。

菲和学生

菲利普给学生上数学课

听来访者讲故事

手工课

每个学生都有一个作业盒

狮子是菲茨洛伊镇的标志，铜牌分别纪念FCS的成立、校舍扩建，以及政府的资助

但是，
有多少家长
会在一开始就**相信**，
在这样的学校里
孩子可以
学习玩耍
两不误呢？

学校戏剧表演《狮子王》

推荐序

FOREWORD

为什么好学校都有些“不太正常”？

当我们说到教育的时候，必定会说到学校；说到学校的时候，必定会说到好学校；那么，究竟什么样的学校是好学校呢？

很多人会说，有漂亮的教室，有先进的设备，有严谨的校风，有浓厚的学习氛围，有高水平的老师，有互相激发的同学……也有人说，说别的都是扯淡，衡量好学校的标准只有一个，就是成绩！还有人说，只要看每年升入名校（大学就是进入名企）的人数就可以了，这才是硬道理。这些似乎都没有错，都是衡量好学校的一些方式。

那么，如果我们实际地去到一所学校，去看一看呢？

比如，我们来到这样一所学校：

学校的各项规定是由老师和学生民主协商出来的；

学校不强迫学生上课，如果孩子想的话，他们可以整天玩耍；

每个孩子可以自己掌握学习的进度；

老师自己编写教案，甚至教材；

老师可以临时带着孩子去户外上写作课，去超市上数学课；

每年都有长时间的露营、徒步等野外活动；

学校有爬树课、造纸课、弓箭课等奇怪的课程；

孩子们可以在工作间里自由使用锤子、锯子；

孩子们有独处、发呆，自己想干啥就干啥的时间；

家长可以来食堂一起做午餐，甚至可以当助教……

我相信，绝大多数的人会觉得，这是“不太正常”的学校、不靠谱的学校。

但是，采用这些做法的既有私立的名校，也有公立的名校；既有英美的老牌学校，也有日本、澳大利亚的新兴学校……从这些做法里，你会看到英国的伊顿公学、夏山学校，美国 AltSchool、爱文世界学校，日本藤幼儿园，中国台湾道禾学校、北京的人大附中等的身影。

我越来越发现，无论在哪个国家，哪种体制下，好的学校都会有一些类似的、独特的教学理念和教学方法。

其实，这并不奇怪，就像我们去澳大利亚墨尔本探访 FCS 的时候，创始人菲和菲利普感慨的那样：无论是来自哪里的教育工作者，当我们聊起教育的时候，在一些根本性问题上，很容易达成共识。

而我们这些年在世界各地探校的经历，也经常会看到，在不同国家的不同学校的不同课堂上，教学方法竟然出奇地一致。而我们去和老师交流的时候，他们都说完全是自己凭着对课堂的感觉做出来的。

这种在教育上“殊途同归”的现象，是归在哪里了呢？我认为，恰恰是归在了教育的本质上。

孔子在两千多年前说“有教无类”“因材施教”；古希腊苏格拉底用毕生在实践“独立思考”；古罗马奥古斯丁提出了“教育以孩子为中心”“兴趣是最好的动力”；西方近代教育理论的奠基者夸美纽斯用一生去对抗“填鸭和惩戒的教育方式”，提出“要从真实的世界中学习”……

这些朴素的教育理念，在人类文明的启蒙期，就被有识之士发现了。但是，令人感到特别遗憾的是，在教育史的漫长岁月里，能够做到，或者接近做到的并不多。

更令人遗憾的是，人类的科技，乃至艺术和生活，在漫长的历史中都发生了很多革命性的变化，而与人类生活最密切相关的教育，却反反复复，兜兜转转，步履艰难。

所以，在学校的发展历史中，最核心的教育理念很难得到实施。很多时候，我们陷入具体的评比、考试、排名里，忘记了教育是从哪里来，要往哪里去。这么说吧，现在的很多学校，用上了电脑、平板电脑，但是，实践的教育思想和方法，却和一千多年前的中世纪，几乎没有什么两样。

是的，我们坐在现在的教室里，用陈旧的教育理念，去培养面向未来的孩子，这真是一件悲哀的事情。

我们看看，现在的很多所谓主流的学校里，做到了因材施教吗？做到了学习以孩子为中心吗？做到了让孩子热爱学习吗？做到了帮助每个孩子找到自己的价值吗？

如果没有做到，我们到底在做什么？为什么不去做呢？到底是什么阻碍了他们呢？如果一直都不去做，我们为什么要把自己的孩子送到这样的学校里呢？

很多看似“不正常”的教育方法，正是变革教育的开始；这种变革注定要到来，这种变革，其实已经到来。

作为教育的创新者，他们的很多教育方法，已经渐渐融入了大量的学校。就像夏山学校建校 100 多年来，在全世界都有很多学习者；就像 FCS 的教材在澳大利亚就有超过 3000 个学校采用，还输出到了其他国家；就像越来越多的学校，开始注意到运动、沟通、心理健康等的重要性。

这条道路并不容易，也肯定会遇到挫折。但是，我们要清晰地看到，无论传统的公立学校、私立学校，还是各种创新学校，世界上任何一所学校，都无可避免地要面对一个事实——谁更接近教育的本质，谁就是未来教育的方向。

到那个时候，今天我们认为的很多“不正常”，也就变成了“正常”；而无论任何时期，都会一直有“不正常”的创举出现。

这，就是教育；这，就是走向更好教育的路径。

三川玲　白滔滔

儿童教育作家　出版人

致亲爱的中国读者

TO CHINESE READERS

一

1976 年菲·贝里曼和我在澳大利亚的墨尔本创立了一所新的小学。目前学校依然运行良好，现任校长是我们的大儿子蒂姆。蒂姆会讲中文，曾经多次到过中国。

我们意识到，不知不觉中学校生活已经开始承担起培养孩子的大部分任务，包括培养孩子的社会技能，树立其自信心，以及丰富他们的生活体验。

那么，我们正在将孩子培养为什么样的人呢？我们是否可以做得更好？我们是否能够赋予孩子更多的个人力量，保证他们将来能够享受更有质量的“社区”生活和更好的人生？

学校主动承担起儿童全面发展的责任，我们相信这样的时代已经来临。

学校教育如何支持个人发展的方方面面？我们很乐意在本书中分享自己的发现。

我们知道，父母总是很关心孩子的学业成就。但是我们可以分享一个好消息：通过对学校每日课表的灵活调整，以及不拘一格和丰富的课程活动，学生在学业方面的表现会更加出色，同时也会有更好的个人发展。

菲利普·奥卡洛
FCS 创始人

二

我们希望你喜欢菲茨洛伊社区学校的故事，更重要的是，我们希望你能够从中得到启发，将一些好的方法和理念运用在你们自己的教育系统或者个人的教育实践中。

希望我们的故事能够带给你鼓舞。新的路径不会像魔法般出现。有时我们会面临意想不到的挑战，而有时我们也会得到意想不到的支持。一个人必须要勇敢，也必须要坚持。

如果我们想要建立一个更美好的世界，一个人人都能够为之做出贡献、并且能够实现自我的世界，我们就必须从孩子开始。这一点毫无疑问。

成人世界的模样，取决于人们接受培养的方式。建立一个更美好的世界，其核心就在于如何养育孩子。一个孩子上大学前有 13 年的时间在学校里度过，因此学校必然在孩子养育过程中发挥重要的作用。

在菲茨洛伊社区学校，我们是如何朝着一个更美好的世界而工作的？这正是本书想要跟你分享的内容。

菲·贝里曼

FCS 创始人

前言

FOREWORD

我们在 1976 年成立了自己的学校——FCS。我们的招生不采取择优录取，而且我们的学生平均运营经费低于普通学校的平均水平。迄今为止，FCS 已经运行了 42 年，现任校长是我们的大儿子蒂姆。

从一开始，FCS 就秉持一种教育理念——孩子应该有一个更好的童年。这种理念带来了令人满意的结果。

我们学生的测试结果让 FCS 进入了公众的视野，成为行业热门话题。一个不挑选学生并且经费情况很普通的非传统学校，居然在测试中连续进入全澳大利亚排行榜前列。（所有的学生都参与测试，测试反映的是全校的整体水平。）

实际上，在学业水平测试中领先从来不是我们的目标。但确实是这些结果让人们对我们产生了好奇，因为他们想知道我们到底对学生做了些什么。我们很愿意分享这些经验。在这本书中，我们重申了自己的教育主张——让孩子有一个更好的童年，为将来进入成年做更好的准备。

这种全面的发展并不是依赖于教育部门的指导、大量的资金投入、炫酷的校舍、填鸭式学习以及时髦的教育理论等。我们能够取得优秀的成绩，主要跟以下这些方面有关：

我们首要关注的是儿童的精神；

我们的隐性课程对孩子所产生的“副作用”；

我们可以自由采用任何我们认为效果最佳的方法进行教育；

父母知晓并决定是否接受我们的权威。

直到今天，加入我们这样的学校依然需要勇气。然而，42年过去了，布丁的真正味道已经被品尝过了，而且事实已经证明我们的布丁有多么美味。现在加入我们的家长，依然要克服对于学校会带孩子做一些不合常规、不符合主流的事情的不安。除此之外，他们还不得不面对邻居、亲朋好友，以及更多的人对他们的质疑——有时候是直接的批评——认为他们这样做是在害孩子。在来自外界的这种颇有说服力的批评面前，有的家长拿到我们的入学通知后又退缩了。但也有些家长，尝试了主流学校后又改变了主意，重新申请并加入了我们。

关于这一点，有个家长曾讲过一个有趣的故事。一天，一个熟人告诉她说："我们不知道你怎么有勇气送孩子去这样一所学校！"这位家长非常快速地回应道："我不知道你们怎么有勇气不送孩子去这样的学校！"

我们相信这些家长是充满智慧的。我们的社会上已经有那么多迷惘的年轻人，他们多数都曾经接受过传统教育。孩子在小学阶段具有很强的可塑性，而中学教师经常无奈地面对小学教育所造成的不良后果。我们自己做中学教师的时候，也时常会为此感到难过。我们见到了那么多青少年，对学习完全失去了兴趣，自尊感非常低，认为自己不是学习的料。中学的老师不得不忽视这部分孩子，而带着另外一部分愿意学习的孩子继续上课。

即使学业水平并不代表一个人的全部，但是面对孩子由于基本技能缺失而陷入各种社会和情感问题，我们能说自己没有责任吗?

在 FCS，我们总是特别注重培养孩子的思维方式和品行——关爱他人、善于分享、自信，人际沟通，对于学习的积极作风、对于人类多元化信仰系统的认识，善于享受生活和勇于探索的开放型气质等。

在本书中，我们提出了一些简单易行、需要较少花费就能产生很大成果的建议。我们知道，很多人期待现行教育产生变革，希望我们的努力能使之成真!

菲和菲利普

目录
CONTENTS

PART ONE 第一部分
A School for the Community 一所“社区”学校

1 我们为什么自己办学
Why do we want our own school ⋮ 2

2 神奇校舍
The magic school buildings ⋮ 6

3 完整儿童
The whole child ⋮ 12

4 最多 70 个学生
No more than 70 students ⋮ 19

5 家长的合作与对抗
Cooperation and resistence of parents ⋮ 24

6 不断试错
Trial and error ⋮ 29

7 我们为什么教数学和英语
Why do we insist on teaching maths and English ⋮ 35

8 先人后事
People before things ⋮ 37

9 为什么要建“社区”学校
Why do we make it a “community” school ⋮ 43

PART TWO 第二部分 A Happy and Effective Model of Education 世界上有一种快乐高效的教育

1 独自上学
Going to school alone 48

2 自由时间
Free time 54

3 烧烤日、喝汤日和下午茶
The BBQ day, soup day and afternoon tea time 58

4 “社区”中心——厨房
Kitchen as the centre of the big family 64

5 弹性课程表
Flexible timetable 69

6 锯和锤子
Saws and hammers 72

7 不同寻常的老师队伍
The extraordinary teaching force 74

8 身体接触
Bodily contact 80

9 七年不换老师
Same teachers for seven years 84

10 我们喜欢开会
We love meetings 86

11 数学课
The maths class ⋮ 92

12 体育课、爬树课、游泳课
The PE, tree-climbing and swimming classes ⋮ 96

13 阅读战争——菲茨洛伊读本
The reading war – the Fitzroy Readers ⋮ 102

14 住在蛮荒之地也和住五星级酒店一样享受
Enjoy the outback as they were five-start hotels ⋮ 107

15 诗歌与文学
Poems and literature ⋮ 116

16 隐性课程
The invisible curriculum ⋮ 121

17 哲学思考比哲学课重要
Philosophical thinking is more important than philosophy classes ⋮ 127

18 周三糖果日和每日大扫除
The candy day and daily clean–up ⋮ 132

19 戏剧表演人人有份
Every one has a role to play in the drama ⋮ 135

20 运动会和义卖会
The sports days and fetes ⋮ 139

21 文化历史课
The cultural history course ⋮ 144

22 毕业音乐会
The graduation concert ⋮ 147

PART THREE 第三部分

Keep Walking
我们一直没有停止脚步

1 成绩全澳夺魁
Ace the NAPLAN tests 152

2 家长签署的“绿色协议”
The green sheet 154

3 红桉树学校
The Candlebark School 166

PART 第一部分 ONE

A SCHOOL FOR THE COMMUNITY
一所“社区”学校

Fitzroy Community School

1 我们为什么自己办学

Why do we want our own school

我们于 1974 年在阿尔伯里相识。我们当时各自都有年幼的孩子：蒂姆、尼克、杰姆和娜奥米。我们结合后又生育了三个孩子：肖恩、玛丽和凯瑟琳。面对这七个孩子，我们问自己：我们应该将孩子送去哪里上学呢？

家长们对于非传统学校的一个普遍的整体印象是“散漫无序”，缺乏严格的管理制度和严谨的课表。当然，“无序”也有好坏之分。澳大利亚被认为是个有序的国家，是个颇受欢迎的移民国家。但是，这里也存在某种无序：在个人层面以及人际层面都是如此。在我们的人际关系、个人的心灵世界中存在着无序，年轻人的抑郁水平从来没有这么高。

我们抚养孩子的方式，到底哪里出了问题？

今天的父母和教师普遍抱有一个幻想，那就是家庭负责养育孩子，而学校负责教给孩子一技之长。的确，很多年前确实是这样的情况，那时候，一个家庭往往有很多孩子，而且上学的时间往往只有有限的几年。但是，如今的家庭和学校都已经发生了巨大的变化，不管是数量上还是质量上。现在的家庭大多是很小的核心家庭，而学校自然成了默认的大家庭。学校教育占据孩子整整 13 年最具可塑性的光阴，不言而喻，父母需要精心为孩子选择合适的教育者。

为什么我们要自己创办学校呢？最根本的原因，是那些正要入学的小孩子，在我们看来，他们是有着巨大潜力的、善于表达、有着开放思想和冒险精神的小小灵魂；而当我们再看看那些走出学校的孩子，我们经常看到的却是一些有抑郁情绪、基本丧失了自我表达能力的人。在 13 年的学校教育中，这些孩子都经历了些什么？我们不想让这样的经历发生在我们自己的孩子身上。

经历了 20 世纪 60 年代后期的反文化思潮之后，到 70 年代中期，嬉皮士一代的孩子正好到了入学的年龄。在那个时候，墨尔本大约有 20 个新成立的非传统学校，我们将自己的三个孩子送去了其中一个学校。但是那里有一种很糟糕的无序，这种状态也预示着非传统学校的繁盛期将很快在那个年代末期遭遇终结。在非传统学校运动中，人们认为让所有家长参与学校决策和运营才是民主的做法。但是，家长委员会永远都不能对任何事情达成一致意见。一群成年人不断苦苦思索并不停地辩论学校应该秉持什么理念，这几乎耗费了学校所有的能量。不出所料，非传统学校的潮流在几年内过劳而死。于是我们想：天哪，现在我们该把孩子送去哪里读书呢？那时候我们还没有任何自己创办学校的打算。

我们意识到，必须要由某个人对学校的工作负起责任，这个人必须要乐意去呈现并能够捍卫学校的整套政策与做法，这个人就是真正的教育者，能够在面对家长五花八门的意见和情感表达时依然保持学校的正常运行。我们于是决定，干脆自己设立一所学校，然后告诉人们："看，这是一所非传统学校，我们是这么设计的，如果你喜欢，欢迎来加入我们；如果不喜欢，那么，祝你们在别处有好运。"

从那时开始，作为一个"社区"学校，我们再也没有回过头。每个人都知道我们提供的是什么，而且这不会被家长委员会上五花八门的讨论所左右。父母可以提出建议，有些会被我们欣然接受。实际上，学校工作中许多常规的做法是父母贡献的想法。但是，如果父母要求的东西是我们不愿意接受的，我们就会说，"不，我们不同意那么做"，或者说"这很难实现"，而这就是我们的决定。

这意味着，学校内部没有什么是不可告人的，不会出现人人奔走相告却互不信任的情况，更不会出现会议上有人试图操纵或改变某些决定的情况。我们的学校得以远离这种压力，我们为此很感恩。

2 神奇校舍
The magic school buildings

每当看到其他学校在教学楼的建设上面花费大笔金钱的时候，我们常常感到遗憾。孩子们不会关心教学楼是新的还是旧的。教育者应该把钱花在为孩子提供更多的机会上面——更多的冒险活动以及更多的与人互动的机会。

我们当时住的房子就是学校的第一栋校舍。楼下是学校，楼上是我们的私人生活区。厨房和餐厅在白天为学校所用，晚上为我们自己所用。白天，餐厅就是孩子们学习英文的地方，这个地方因为贴了绿色的墙纸而被孩子们命名为“绿屋”。我们的餐桌就是英语课的学习桌，餐椅就是孩子们学习时坐的椅子。

不久，我们把这套餐桌椅卖掉了，以筹得一些急需的款项。这之后的好长一段时间，英语学习桌就是一个工作台，上面盖着一块可洗的、鲜艳的黑红桌布，颇具埃及风格。菲利普制作了一些很结实的椅子，我们一直用了好多年。尽管在外人看来这些椅子很普通，但是当那些椅子在被称为“黑色星期六”的 2009 年 2 月 7 日的那场山林大火中烧毁时，我们是那么伤心。那一天，我们在修姆维尔乡下的所有物品都被烧毁，FCS 的营地“大地”未能幸免于难。几分钟之内大火就将我们经营了 30 年的地产一扫而光，但是在这个巨大的损失之后，最令我们感觉痛惜的东西却是那些手工制作的椅子。

学校成立两年后，菲利普为英文课堂制作了一张很大的桌子。这张大桌子依然在绿屋占据中心位置，可以坐下 17 个孩子。我们喜欢圆桌的设计。我们很能理解亚瑟王的想法。我们经常带着孩子们一起围坐在圆桌前学习。

有一次我们在墨尔本文法学校的一本杂志上读到，10 年前，墨尔本文法学校曾经参考过加拿大的一个研究，这个研究说的是教室里使用圆桌的好处。我们早在 40 年前就明白这一点了。

我们的优雅前厅被改造成了菲利普的数学教室。我们将天鹅绒的窗帘取下，移走或卖掉了其中的一些家具。沿墙放着一些简单的架子，这些架子就成为储物或者放书的地方。架子也同时放置菲利普制作的小木头盒子，每个孩子都有一个专属的盒子，并且可以按照自己的喜好来装饰它。除了盛放他们的学习用具和书本，孩子们还可以在里面储存一些他们带到学校的个人物品。木头盒子的做法一直延续至今。菲利普还为数学教室制作了椅子。

现在这个前厅已经进行过一些装修。得益于从联邦政府获取的资助，我们如今将它改造成了一个孩子们极其需要的图书馆。数学教室后来搬到了楼上，同时做了些结构上的调整。我们楼上的第二个休息厅成了音乐教室，那里已经有一架钢琴，所以基本没做什么改动。所有这些房间在必要的时候也可以用来上其他课程。

一开始，我们保留了楼上的前厅作为我们的卧室。这个房间有着古典的建筑风格：一个巨大的玫瑰花图案的房顶，一个蓝色的瓷砖装饰的维多利亚式壁炉，大大的对开门，窗口正对着外面的街道，从窗户看出去首先是阳台，然后越过电车线路，就可以看到当时的菲茨洛伊澳式足球场。

在楼上我们的卧室后面的那个房间，古典设计，天棚很高，有一个瓷砖镶嵌的壁炉。我们决定让家里所有的孩子都住在这一个大房间，这样我们就可以将楼上的另外三个卧室租给其他人，以获得急需的资金。菲利普制作了一张四层床，取名“玛丽女王”，每个孩子占有一层。后来，随着我们的家庭成员的增加，菲利普又制作了一个四层的木床，取名“伊丽莎白女王”。最大的孩子睡在最上层，其他孩子按照年龄被分配在不同的层。我们需要经常爬上爬下地换床单，所以爬床爬得非常熟练。但是我们还是觉得这项工作比较辛苦，后来很快教会孩子们自己来做这件事情。

在孩子们的卧室之外是往下走的楼梯，然后再往上走一段楼梯就到了房子的后面部分。在这里有一间铺了木地板的书房，现在是学校的财务办公室。在我们的前卧室楼梯边上，是一个小小的房间，被我们称为阳台房。我们一直很喜欢这个房间，因为它有着一个大大的双开门，打开后正对着阳台，现在是一间琴房。在这个房间租出去之前，我们喜欢坐在阳台上喝喝茶，看看布伦斯维克街的繁忙景象，放眼望去一直看到远处的绿地。

我们永远不能忘记那条精彩的后街。就像许多市区的居民一样，我们喜欢排屋后面那些蜿蜒的小路。学校刚成立时，在后院有一个大大的卷帘门，几乎跟房子一样宽。打开这个门就是一条蓝色石子铺成的小路，而且那是个死胡同。在那个时候，我们似乎是这条小路的唯一使用者——而且我们确实把它利用得很充分！

尽管那时学校只有一座房子，小路却给我们增加了一个令人兴奋的元素。当后门打开，感觉小路就是学校的一部分。孩子们在这里消磨了大量的时光，做了很多不同的项目，建造水坝就是他们最喜爱的项目之一。为了满足学生越来越多的需求，学校也进行了一些重建，卷帘门也不得不拆除。

我们的一个巨大的幸运之处就是，我们正好位于美丽的爱丁堡花园对面。爱丁堡花园有着我们所能想到的一切：网球场、篮球场、滑板场、三个澳式足球场和两个游乐场，可以租用的宽敞的社区中心，烧烤的地点以及有着美丽古树的开阔的草地。对我们学校来说，拥有这样的设施——而且不用花钱——简直是个巨大的赏赐。

去爱丁堡花园只需要穿过一条马路。早些日子，对于横穿马路我们有非常严格的规定，但时时还会出现让我们寒毛直竖的情况，当然，好处是孩子们都学会了马路安全的常识。我们都知道孩子们很善于学习这样的技能，在有些国家，七八岁的孩子带着小弟弟小妹妹整日游荡在繁忙混乱的街头也不会出什么问题。

现在，穿过布伦斯维克街去到爱丁堡花园更加安全了，我们不需要瞅准机会风驰电掣般地飞奔而过，因为我们有了红绿灯和斑马线，就在离学校前门只有 100 米的地方。

这样一来确实大大减少了老师带着学生过马路时的焦虑。孩子们过马路时总是由老师带着的。在我们的第一期年度简讯中，我们会明确说明，加入我们学校的其中一个条件就是，孩子需要有道路安全常识。我们强调，我们是市区的学校，校门外就是布伦斯维克街。

3 完整儿童
The whole child

我们的学校跟其他学校又有什么不同呢？保持孩子的精神活力是我们的首要目标。我们不需要创造这种精神，在大多数情况下，只需要做到别破坏它。在某些情况下，孩童的精神已经遭到某种程度的压抑，但是通过学校生活，我们能将新鲜的能量重新注入他们的翅膀。

我们在暗示主流学校没有这么做吗？我们并不是在说人们体罚孩子或者用其他极端做法限制孩子的生活体验，但是我们认为，教育者用一个死板的日程，在 13 年的光阴中，让孩子日复一日地重复单调的生活，这将会对孩子产生不可估量的影响。小学的时光对一个人一生的影响非同小可。你如果不信，到孩子 12 岁时再将他带给我们，那将非常不同。

我们所创立的学校，就是要帮助孩子原原本本地做一个孩子。个人的自信、社会智能和良好的人际沟通是我们最为重要的培养目标。

在学校的日常工作中，我们努力创造一个大家庭的环境，在这里，孩子是响当当的人。有建设性的个人表达在整个学校教育期间会得到有力的支持，而开始的几年尤为重要。学校成立第 10 个年头的时候，我们发现，尽管没有做广告，我们已经吸引了太多想加入我们的家庭。从那时开始，我们就开始倾向于仅接受一年级的新生，因为这样对他们有更大的帮助。

如果课堂上出现干扰，我们不会说“你这个调皮孩子，出去”。我们会对自己说，“这是一堂数学课，但是显然这里发生了什么事情”。于是我们会将数学课先放在一边，问：“嗯，这里发生了什么？”孩子们于是开始七嘴八舌地解释所发生的事情以及如何解决，他们会有各种奇怪或者精彩的说法和意见。这看上去有些混乱，但是，孩子们这时练习的是有思考的对话的能力，而这会成为他们日常生活的重要内容。在这个过程中，他们学习解决问题和处理冲突，而且，他们会成为自己解决问题的高手，这绝对是一个意想不到的结果。我们似乎找到了一个有效解决问题的秘诀，那就是有效的、旨在解决问题的对话。特别是，当我们让孩子们参与这个过程，会使得他们更加认同自己是学校的一分子，并更加积极主动地参与解决问题。

人们会问我们，孩子从这里毕业后进入更大规模的中学，在那种更加非个人化同时又存在趋同压力的环境下，菲茨洛伊的孩子们表现如何？起初，我们也有些担心，但是当我们的孩子毕业并开始中学生活后，他们的成功令我们惊异。一开始，孩子们面对更加体制化的学校生活方式确实会有些失望，但是他们坚持了下来，并且能发掘出其中的乐趣，从而更加有效地学习。而且，我们的毕业生在中学担任班长或者其他类似岗位的比例令我们感到意外（我们学校甚至都没有设班长这个岗位）。这都是因为他们勇于表达自己的想法，同时也会争取大家的认同并愿意一起合作。

我们认识到，传统的小学教育不见得就是对进入传统中学的最好准备，而相信自己并进行大量的沟通和解决问题方面的练习，却可以更好地帮助学生做好进入任何新环境的准备。

我们对父母说，看，我们不承诺能够在第一年教给孩子很多官方课程所要求的东西。其实孩子们在第一年是能够学到不少东西的，但是我们认为重要的是让学校员工和父母明白，这并不是我们的首要目标。

我们希望听到孩子的心声，我们希望他们将这个学校视作自己真正喜欢的学校。我们希望他们能够将自己视作这个“社区”的重要成员，在这里，每个人都是重要的一分子。这样做的结果是，我们发现，孩子们在这里如同在家里一样自然和放松。我们几乎不需要刻意去管理学生和教师之间的关系，因为他们就如同一个大家庭。

学校能在全澳大利亚学生水平测试中获得高分并位居全澳的前列，这令许多人感到吃惊，包括我们自己。我们也不是一个收费昂贵的独立学校。怎么解释这样的结果呢？

我们只能从我们如何运作这所学校来谈，然后你来判断到底是什么带来了这样的结果。我们比其他学校花在课堂上的时间少。每个周三我们都没有正式的课堂学习。在其他日子，大多数孩子都有一节课的自由时间，这个时间完全没有任何计划，孩子们可以自己决定做什么事，也可以和其他人一起做事。我们在后院里有一些工具和木料，他们可以在完全没有大人监管的情况下制作东西，做自己喜欢的事情，进行发明创造。我们不介意在外人看来他们的行为有多么古怪——只要这些行为在他们所生活的社会所允许的范围内即可。我们没有设定一个严格的“学生”的模型，我们不想把所有孩子都塑造成同一种样子。

其他学校自然对我们的成果感兴趣，并且问“你们是怎么做到的”。我们说：少上课，留出自由时间，组织更多的营地活动和远足，等等。对许多学校来说，这听上去有些吓人，所以他们也不会去尝试我们的成功做法。今天的许多学校管理者一心在追求生产力的最大化，要他们放弃课表及管控的心态是很难的。

我们坚信，学校要留出空间，让人的精神能够自由活动和发挥。教育者、立法者或者官员，很容易自负地认为我们了解所有人的需求，因而我们习惯于制定无处不在的规章。

例如，主流学校禁止孩子爬树，目的是为了避免孩子摔伤。一些学校甚至禁止孩子们牵手和拥抱。这些令人窒息的规章将会把我们带向何方？在被狭隘定义的安全和控制之外，人类一定还有其他一些需求被我们忽略了。

认为自己知晓人类所有的本性并且用自上而下的方式来进行规划，这在我们看来就是一个错误。我们喜欢“隐性的课程”（伊凡·伊里奇在 20 世纪 70 年代初期提出的一个概念）这个说法。

孩子们在最具可塑性的 13 年中，将大量的时间花在学校，这在很大程度上影响着他们将来会成为什么样的人。学校像家庭一样，也在养育孩子。而我们愿意承担的责任恰恰就在于我们的隐性课程。这意味着，除了我们一定要保证的官方课程的内容，我们同样关心自己在塑造怎样的一群人。

有一次，我们带着七个高年级（12岁）的女孩子去参加一个神秘的营地活动。菲带着女孩子们去下海，她们从小就参加学校每周三的游泳课，水性都很好。

游完泳之后我们驾车从海边返回，路过一条很美的水流湍急的河。如果你了解安格尔西的话，你应该知道这条蜿蜒流入灌木丛的河流。孩子们下了车，纷纷跑上一个弯弯的木桥，爬上桥的栏杆，伴随着兴奋的尖叫声，纵身跳入河中（这个地方水很深，没有障碍物）。

七个女孩子在河中快乐地踩水——完全不在乎水有多深。她们一边踩水一边叽叽喳喳地聊天。等玩够了，她们游回岸边，走上桥的顶端，再次跳入河中。

第二天，重复同样的活动：去海边游泳，在回来的路上，孩子们跑到桥上从上面跳到河中。但是这一次，碰巧有一群黄色的皮划艇路过，大概有20条。每个皮划艇里有两个十几岁的孩子，他们全副武装，身着救生衣，戴着头盔。这是一个中学组织的活动。我们不明白他们为什么要戴头盔，因为皮划艇的速度比步行还慢。

不管怎样，这些孩子坐在皮划艇上，一副默不作声的样子，我们猜想，事先一定有人跟他们讲过所有的安全保障措施，因为这是学校的标准做法。

老师坐在自己的皮划艇上，也穿戴着救生衣和头盔。她一直在盯着我们看，也许她在想：你们怎么能这么又叫又跳地跟在自己家里一样自在呢？或许她在想：难道你们不知道这是违反规定的吗？又或许，她在想：哦，我的天，你们会后悔的！或者，她想的是：如果我们也能这么做该多好！

这是令人悲哀的事实。在那样的环境下长大的孩子，不太可能自动变成勇于探索世界并找到自己人生之路的人。因为学校强加给孩子的隐性课程就是违背冒险、探索和自信等这些积极做法的。

我们办学的第一个原则是，保护和培养孩子的精神。小孩子身上自然闪耀着精神的火花。我们的目的，是在小学这个一生中可塑性极强的重要阶段，保护好这些火花，不让它们熄灭。精神的火花展现的是一个人对于这个世界和自身的信念，并通过一个人的热情表达出来。我们当时想要而且现在依然想要的是，允许孩子们在每一天当中都是作为一个完整的人而生活，而不是一到学校就不得不关起他们的情感之门成为机器人。

4 最多 70 个学生
No more than 70 students

我们的愿望是培养孩子的精神，而这又带给我们第二个原则：保持小班额。

小学阶段教育的重要性不仅仅在于传授知识，另一个同等重要的目标是养育孩子。当我们致力于养育孩子时，和孩子的交往需要建立在个人层面而不是制度层面。大学校和大班额意味着批量生产。一个人面对一大群人，不可能给予太多个性化的关注。学校的大小和班额的大小至关重要。孩子需要被看到、被了解、被关注，这样他才能得到滋养和适当的反馈。

我们相信，这些价值观必须通过行动体现出来而不是随便说说。作为家长和教师，如果我们在自己的生活中处处展现出我们所真正信奉的东西——慈悲、喜悦、对彼此的尊重、对于个人和周围环境的关心、倾听他人和表达自我的能力——那么孩子也将学习并效仿。如果我们不以身作则，他们也不会这么做。

在学校成立两周后，我们就已经招满了 20 个孩子，我们将其分成大班和小班。几年后，我们买下了隔壁的房子（布伦斯维克大街 599 号），开始接收 40 个孩子。1994 年，学校完全占据了我们原有的家，所有的房间都不得不开放给学校。于是，我们全家搬到了另一侧隔壁的房子里。这意味着我们可以接纳 62 个学生了。我们选择不再继续扩张。有一个阶段，我们曾尝试接纳 72 个学生，但是我们觉得学校失去了一个大家庭特有的凝聚力，似乎进入了体制化。

我们试图创立一个理想学校——为此我们甚至会拒绝“生意”。自从 1976 年的第一周开始，我们几乎没有做过广告，但总是有人排队等候加入我们。学校成立 15 周年时我们意识到，如果我们愿意，我们可以发展成一个几百人的学校。但是这将意味着我们可能会失去我们的大家庭特色，即一个人人熟悉彼此的地方。因此我们决定将人数保持在 60 ～ 70 人。对于像我们这样的学校，社会上还有巨大的需求。

我们喜欢 FCS 的教学方法：教师充分展现对所教科目的热爱，坚持小班教学，孩子有对话的机会，并按照各自的水平学习。同时，还有不断变化组合的班级——有时候是按同一个年龄段分班，有时候是混龄。这样做的好处是，每个班级都保持新鲜感，因为每天，甚至在一天当中，我们都有不同的分组方法。另外一个好处是，孩子们之间的友谊不局限于同龄人，许多不同年龄的孩子成了很好的朋友。

看到一个一年级的孩子邀请四年级或六年级的好朋友到家里去玩，是很让人欣慰的一件事情。这就是原本应该有的样子。

我们的愿望是，提供一片绿洲，孩子能在这里自由表达他们所感受到的东西：伤心时受到安慰；感到愤怒时会有慈爱的比他们年长的人来帮助他们平息怒气；当他们对性表现出兴趣时（有些小孩子会这样），会有人帮助他们分辨什么情况下可以当众表达，什么又是社会要求保持私密的；当他们感到害怕时，可以表达焦虑，并得到帮助来应对恐惧。

细心地关照孩子的精神和随意纵容是两码事。当儿童的精神健康开始受到人们关注时，有些家长、儿童心理学家和教师误解了自己在儿童发展中的作用。因为担心破坏儿童精神，一些家长没有教给孩子关于界限的观念。其实，合乎情理的界限感给人以安全感，培养好的习惯，而缺乏界限感会造成安全感的缺乏，成为反社会行为的温床。

学校教育虽是强制性的，但是只有学校不能满足孩子们的需求时，才会让他们感觉如同身处管教所。被问到学校有哪些纪律规定和处罚措施时，我们会停下来想一下，然后意识到我们并没有任何的处罚措施。我们的做法是，随时可以暂停活动来讨论有问题的行为。

我们还观察到，在校园里出现的更为自然的年龄混合，包括大人和孩子，其本身就能够满足孩子们的多样化需求，因此，“纪律”问题很少出现。

来我们学校访问的人络绎不绝——经常是一些在职教师、见习教师或者海外教师、准父母以及专业学者。一年当中的很多时间，学校里都会有他们的身影。孩子们会主动充当这些访客的导游人员。如果访问者们想要谈一下办学理念，我们会很乐意坐下来和他们聊聊。

我们把孩子当作真正的人来对待，他们也会投之以桃，报之以李。他们每天都在社会意识、自我表达和自律方面获得成长。

“社区”学校中，除了孩子和教师以外，还包括父母、见习教师、来访教师、访问学者、过去的学生、学龄前儿童或父母怀中的小婴儿、愿意分享知识的专家、拥有着大把时间和丰富人生阅历的退休人员、祖父母、准父母以及朋友。

在学校这个空间内呈现出一种更自然的混龄状态——这个因素本身也让学校区别于一所机构，而且有助于进行更加丰富的互动和交流。

这种社会融合让每一个孩子都感到自己是重要的，而非可有可无，这对于他们社会技能的发展非常重要，而这一点正是我们创办学校的关键理由。

5 家长的合作与对抗
Cooperation and resistence of parents

我们相信，家长是首要的教育者和养育者，是孩子生活中的第一权威，因此我们希望家长能够参与学校生活，我们鼓励家长这么做，并希望他们在这里找到家的感觉。基于以前的经历，我们知道，家长所信任的，孩子也会信任。孩子是有理性的。你不可能期望孩子去信任一个他们父母都不信任的环境，并在那里茁壮成长。

为了取得家长的合作并与家长建立密切关系，一开始我们采取了当时大多数其他非传统学校都采取的政策：明确要求每个家庭每周贡献半天的志愿服务。然而，运行半年之后，这一政策就停止了。家长参与并不总是一件愉快的事情，有时家长可能由于工作的原因不能按时到校，有些家长会为此感到愧疚。有一两个家长虽然有时间来，但是他们内心并不情愿，其实还不如不来。特别是，1977 年我们遇到了一个特别爱抱怨的家长，每一个和她同时服务的家长都希望她不要出现在学校里。我们于是决定，学校环境中的积极情绪比严格的工作分工更为重要，所以，完全的志愿服务形式更适合我们。

我们与父母合作，我们也为父母工作。父母是唯一适合对学校的好与坏做出评判的人。其他的“专家”可能有更多的教育方面的资质，但是父母具有更好的动机。现在有些家长可能没有对学校类型表现出多大的兴趣，但是如果给予他们选择学校的权利，他们将会很快对此感兴趣。

当然，家长也会时不时被过度保护的情绪浪潮所左右，无法停下来进行理性思考。这种情况在任何一个学校都会发生。事实上对我们来说，看到家长的本能仍然存在并活跃着，是一件让人心安的事。如果纷争只是一时的，而非关于原则的重大问题，它终将会平息。

自学校创办伊始，绝大多数家长一贯都是坚决支持我们的。但是偶尔有家长因为某一个问题而向学校宣战，于是就会造成一个非常让人头疼的局面。经过了早期的一些戏剧性的情况之后，我们后来学会了在新学生加入学校前对家长进行访谈，看看他们所持的观点是否与我们明确的学校政策一致，从而避免出现令人遗憾的价值观冲突。

有时候，当家长决定加入学校时，似乎也是认同我们的策略和做法的，但是后来可能会对某些与传统学校教育不同的做法感到不安。当然，如果我们屈从于所有这些来自家长的压力，我们将很快变得与其他学校别无二致，而且，我们也将不能帮助他们的孩子取得杰出的成绩。

父母的价值观存在如此大的差异，我们总能与父母亲密合作吗？这是一个关键问题，甚至是我们生存的关键。在家长对学校的核心政策表示强烈不认同的时候，在这种不可调和的价值观冲突中，家长总是会赢，因为最终决定自己孩子在哪里上学的是家长。家长，才是孩子的最终权威，教师不是。而这本应如此。

我们能够生存并蓬勃发展，正是因为我们尊重家长。教师为家长工作，但是教师只会做那些他认为对孩子最有利的事情。这就是契约，这就是我们提供的服务，这就是我们做出的承诺。

关于我们对孩子行为和进步的看法，我们对家长将始终保持诚实，即始终与家长分享我们认为孩子所需要的东西。如果家长强烈反对我们的观点，那么他们在任何时候都可以将孩子带走，他们拥有绝对的权威。

我们积极传播学校的办学理念，但是我们也学会了永远不要试图“改变”个别家长的观念。我们的立场是完全服从家长的判断：让他们独自做决定。如果没有一个家长喜欢我们的政策，我们的学校将不会存在。事情原本就应该这样。另外，如果我们试图附和每一个家长，我们将很快在诸多的自相矛盾中面临崩溃。

从一开始我们就对家长清楚地阐明我们的政策。我们会回答家长所有的问题。在某些情况下，如果我们判断家长提出的想法比我们现行的做法更好，我们就会改变我们的做法。我们许多好的做法，起初都是来自于家长的建议。但是，如果我们陷入了无法调和的僵局，我们会很有礼貌地退还所有未使用的费用，并祝福他们在其他地方能够交到好运。

这种“离异”发生的次数极少，因为我们把政策都列入协议——“绿色协议”，并保证所有当事人都充分了解。凭借这条规定，家长得以保持自己的权威，学校也得以保持自己的诚信。

我们不选择孩子，但是会选择家长。如果我们能与家长合作，那么我们就能够与孩子合作。我们的孩子有着不同的能力水平和不同的行为问题，我们已经解决了许多学习和行为方面的问题。当教师和家长能够互相合作，就会产生好的效果。这就是我们为什么坚持在家长为他们的孩子申请学位之前，就学校的政策问题与家长进行充分沟通。

对于新家长来说，学校的入学协议中通常没有太令他们吃惊的东西。他们在来之前就通过其他家长或者我们的网站了解过学校的相关信息，有些家庭之前就已经有孩子读过我们出版的英文读本，还有些家长认识一些在校学生的家庭，或者与他们是亲戚关系。

每周三下午，学校厨房都有一个成年人的下午茶时间，在那个场合，家长与老师可以随意交谈，包括一些出于好奇而前来参观学校的家长。我们总是鼓励未来的家长先参观学校——尽可能多次参观。我们提供一份学校的入学简介，并将会有一到两个（甚至三个）学生带领他们参观学校。

6 不断试错 Trial and error

从学校成立开始，我们就不想被不良决策所影响，所以直到今天我们都一直坚持通过试错，不断完善我们的教育方案。尽管我们的核心价值观需要通过书面的政策性文件进行表述，但是我们从生活经验中已经明白，盲目教条会导致团体失去活力，我们需要随时适应新的发现和形势变化。为了避免被教条所限，我们在成立学校时决定按照年份来命名我们的学校，例如，学校 1976，学校 1977，等等。

事实上，这意味着每年的末尾，我们将对前一年的经历进行反思和评估，并期待在下一年做出改善，稳中求进。发生在其他学校的家长之间的无休止的争吵，让我们明白稳定有多么重要。谨慎和有建设性的调整，有助于保持学校的活力。

如果家长觉得学校的使命符合他们对于孩子的期望，我们就会邀请他们加入我们。如果我们的模式与他们的信念和愿望不符合，我们会建议他们继续寻找别的学校。我们的模式并不适合每个人，我们也从来没有期许要办一个适合所有人的学校。一个适合所有人的学校将不得不保持价值观中立，缺乏热情，因而也将是平庸的。我们将提供明确的价值观，以及年复一年的稳定性。

在一个去中心化的学校体系中，也会存在局部的试错，但一般是控制在小范围内的，而且会很快吸取教训。在一个庞大的系统里，在远程监控的模式下，错误将会以千倍的速度扩展，而修正错误可能需要数十年。

我们为什么不讨论教师质量、教师培训、开明的方法，对人才和设施的最佳利用、职业发展计划以及其他许多能够影响学校教育成果的问题？关于这些，澳大利亚各家报纸的评论版面有很多洋洋洒洒的文章，但是没有任何用处。因为每隔几年，就会有一些新的时尚发明哄我们高兴，每一个时尚都有一套自己的术语，但那些精心包装的言论，并不会改变现存的教育权力结构，当然也不会改变学校教育的质量。

许多公立学校的资深教师深知他们的学校需要什么样的改变。但是只有当家长拥有选择权的时候，才可以驱动一所当地学校真正行动起来，为达到最佳效果而调整其关键变量。当公立学校处于垄断地位，而公民没有自由选择权的时候，有几个校长会甘愿冒着牺牲自己职业前景的风险而做出真正的改变呢？

在大力推崇用完整单词记忆法进行英文读写教学的年代，一个教育专家曾对我们学校接受自然拼读法训练的学生进行测试——目的是为了对不同的识字方法及其效果进行科学对比。几周后，她说不能使用从我们学生那里收集的数据，因为结果大大超出了她的预期——她本人的原话是“破纪录了”。这是科学研究吗？如果她将我们的数据纳入她的研究，将会得出这样的结论：禁止自然拼读法是错误的。

教师和学校需要从不同的教学方法中选择——可以是政府部门推荐的，也可以来自当前或者从前的学业研究，有独立的来源，或者来自其他学校或者某个教师自己通过不断试错而进行的发明创造。让教师们自己发现什么对他们自己和学生最有效，在这种情况下，才有可能进行教学的改善和革新。

从这些各式各样的教学模式中，我们吸收代表优质教育的元素，但是我们的计划是创造我们自己的模式，给孩子一个更好的童年。我们的愿景是办快乐学校，充满活力的学校，让孩子从这里毕业后能够成为优秀的、乐于助人的批判型思考者，成为适应力强并且有活力的人；我们希望学校能够为他们提供有效参与现代社会所需要的扎实的基本技能。我们所希望建立的学校，是在一个不断变化的时代能保持相关性，而当需要改变的时候却也有改变的自由。我们不希望受制于一个固定的模式。发展学校，是一项永远不能终止的工作。

我们这个小型的独立学校发现了更好的教学方法。仅仅在几年的时间内，我们就已经在教学方法上进行了几个重要的革新。

比起大多数学校，我们花在课堂里的时间要少得多。但是在有限的时间里，我们却达到了很高的教学水准。下面这些是我们提高教学成果的实践：

将人际交流与互动作为首要也是最重要的基本技能；

让孩子们参与到每日的理性谈话中；

让家长甚至祖父母（热情的义工）参与进来；

保持学校（或分校）的小规模；

保持班级的小规模；

雇用能力强的教师；

全面采用自然拼读法进行读写教学；

在数学课方面为学生定制个别课表；

“生活化”的社会学习；

“文化历史”课程。

并不是说我们学校的每一项实践都适合其他任意一所学校。我们欢迎任何一所学校来尝试菲茨洛伊模式的教学模式，但是我们强烈建议每一所学校都去自由地探索对自己最有效的模式。

这本书所阐述的道理是一些马后炮式认识的总结。一开始的时候，我们对学校行业的了解并不深刻，因此我们自己都没有清楚地意识到，我们到底是如何偏离了主流而成为一所非传统学校。

FCS 是一个在现实世界中已经存活了几十年的非传统学校，学校一直保持着较高的生活质量和教育成果——在这里我们不说那些可有可无的行话，也没有得到特别的财务或者体制的支持，但是因为我们不需要向教育官场文化妥协，因而能够更加自由地独立运作。

回首往事，我们也不禁自问：在没有任何世俗优势的情况下，我们是怎样发展到今天的？在我们看来，我们的优势其实就是一些我们认为符合常识的教育理念。当然，我们能遵循这些自然的原则而得以发展，是因为我们处在体系之外，不受那些不懂教育的既得利益集团的控制。在自我治理的模式下，我们可以选择遵循常识，通过不断试错而日新月异。任何对我们不满意的家庭随时都可以选择离开。

我们的优势是什么？是对有效理念的不懈探索，即通过不断优化理念，在我们对孩子们所做的所有事情上保持活力。

人们经常会问我们是否沿袭了斯坦纳或者蒙特梭利，或者其他教育流派。不，我们从未追随任何人。我们不想拘泥于传统。我们总是在寻找最好的方法，一旦发现了，我们会立刻放弃旧的做法，采取新的做法。

7 我们为什么教数学和英语
Why do we insist on teaching maths and English

要正式教授英语和数学，还是将英语和数学融入其他课程？在 20 世纪 70 年代，许多家长认为这些科目应该渗透在其他活动中顺便学习，正式教授这些技能将会破坏孩子的创造力。同时，有一些人则强烈要求将英语和数学作为明确的教学科目。关于这个问题的争论是激烈的，代表了当时那个年代所特有的一些争议。

作为教育者，当你的唯一义务是满足被委托给你的孩子的需求时，你将会获得怎样的成就呢？我们坚持自称是一所非传统学校，就是为了减轻外界期望我们符合传统学校做法的压力。家长挑中我们，是因为我们有独特的品质和优异的教育成果。

其中一个原因是，英语读写和数学是我们每周课表中的正式课程。我们相信，不掌握这些东西，一个人将会变得非常弱势。我们将英语和数学视作这个时代的生存技能。

在开办 FCS 之前，在我们自己的孩子接受教育的一所非传统学校，我们作为家长曾经每周去给孩子们义务上半天英语课，一些学校成员对我们正式教授语言的做法表示强烈不满。但是我们的孩子很热衷于学习读写，并从中获取能够打开神奇的文字世界的钥匙，而其他有些孩子也有这种诉求，所以直到我们离开学校，我们坚持明确地教孩子们学习语言。

我们对这段经历心存感激，因为这让我们意识到，从办校一开始，就需要明确说明，我们所开办的非传统学校，与当时涌现出的此种类型的大多数学校所不同的一点是，我们会严肃地教授英文和数学。

我们对文字和数字都有着天然的热爱，从一开始，我们就一心想把这种爱传递给孩子们。我们认为熟练的读写和数学能力是我们当今社会所要求的生存技能。没有这些基本技能，孩子们可能会难以建立自尊感，长大后也难以找到令人满意的职业。我们从来没有动摇过这个信念，那就是学校应该培养孩子读写算的基础能力。

我们对自己所负责的学科领域是很有信心的。我们本身没有小学教育经验，但这一点从来没让我们感到不安。事实上，回头来看，我们相信这反而是我们的一个优势。我们没有被教师培训学院灌输那些当时流行的最佳教法，反而使我们保持更开放的心态。我们也从来没有怀疑自己为学校选择最佳方法的能力。我们知道自己想要的是什么。

8 先人后事
People before things

先人后事。我们从来都没有后悔选择这句话作为校训。事实上，这么多年过去了，我们依然在不断挖掘着这句话的深度，我们对这句话的理解每一年都会加深。如果有朝一日能够打开孩子们的心智，让他们也能理解这句话所蕴含的智慧，就算是给了他们一件宝贵的礼物。

生活经常会试探我们是否善于坚持理想，我们也曾经被试探。当你真正想干点什么事情的时候，你很容易不计成本。我们想要开办 FCS，于是我们重新归置房子，将一些东西卖掉，将部分房间出租，我们把大卧室也租出去，最后不得不在大篷车里面住了两三年。我们做这些事情的时候很开心。在 1990 年代早期，我们却不得不做出一个痛苦的决定，那就是将自己的房子卖给学校。

当时，学校早已站稳了脚跟，我们曾经的梦想已经成为现实。我们很开心，相信 FCS 将会持续下去。就在这个时候，一个令人担心的想法冒出来。尽管我们当时感觉自己还年轻，但是我们知道不会永远这样下去，我们终将变老。

学校需要自己的校舍，但是学校的财务捉襟见肘，如何支付得起独立的校舍啊？

到那个时候，我们已经成为维多利亚州独立学校协会（AISV，现在称为 ISV）的成员。AISV 曾经对我们的工作给予巨大的支持。AISV 说，非公立的学校可以得到一笔资金来支付部分的校舍建设费用。联邦政府还专门设立了办公室——街区资助局（BGA），来受理独立学校的资金申请事宜。我们可以通过 BGA 来申请一笔资助，同时，我们需要申请银行贷款，并建立一个校舍基金，在以后的年份里慢慢偿还贷款。

1994 年 9 月，在学校成立 18 年后，我们获得了资助，得以支付布伦斯维克大街 597 和 599 号两栋房子三分之二的费用。这是个令人开心的结局。但是，在这背后，要说服我们将自己的房子卖给学校，并不是一件容易的事。

1971 年，当我们走进这座房子的那一刻，我们就有种回家的感觉，我们想住在这里，我们想拥有这座房子。屋顶很高，中间有大大的玫瑰吊顶、一个铺着马赛克地砖的美丽的门厅，原先的装饰窗也大多得到了保留。房子的名字“珍宝之家”，通过导光投射在前门厅的地面上。

起初，我们很乐意做出各种改变以便让这幢房子更像一个学校，但是将房子卖给学校，永远不再属于我们自己，这却是很不同的一件事情。这些年来，看着房子渐渐远离我们最初布置的样子，有时候会感到有些苦恼。每当我们当中的一个人为某个东西被破坏或者损毁而感到惋惜的时候，另一方总会适时地提醒说，既然选择了在家里办学校，就必须优雅地接受一切后果。我们一直有个信念，那就是房子的衰败只是暂时的，总有一天我们会有机会重整家园，这种想法每每会帮助我们走出偶尔的低落情绪，让我们很快又恢复心绪的平衡。

当你的房子里每天都在接待几十个孩子的时候，不可避免地会出现这样那样的损坏，特别是当时我们完全无力支付修缮或清洁的费用。1983 年初，我们终于能够雇用一名清洁工，每天早上来帮助清扫和整理房间，为学校即将开始的忙碌的一天做好准备。我们自己的大孩子们，本来很擅长清洁房间，但是他们已经到了上中学的年龄。虽然雇一个人意味着要花掉宝贵的一笔钱，但是我们真的需要帮手。清洁工干了大约一年的时间，直到 1983 年 10 月我们最小的女儿凯瑟琳在诞生的前两个月，她因为有偷盗行为而被开除。解雇她的时候我们很伤心，但儿子杰洛米过来劝我们不要再哭了，他会帮助我们做好每天的清洁工作。

这于是成了我们家的一个传统，持续了很多年。

杰洛米那时上四年级，从那时起，直到他从 FCS 毕业，每天上学前的清洁就成了他的固定工作。到了杰洛米要上中学的时候，我们的儿子肖恩接过了这一任务，连续做了两年的清洁工。等到肖恩上中学以后，我们的女儿玛丽又接着干了两年。当玛丽上中学以后，我们最小的孩子凯瑟琳就接过了这一棒，连续做了三年的清洁工。

既然早上的清洁本来是我们雇人来干的工作，我们决定，应该给我们的孩子一定的酬劳，因为他们付出了辛勤的劳动。我们并没有对孩子做的任何家务都给予酬劳的习惯，但是愿意为他们的清洁工作付费，这意味着我们要求其工作符合某项质量标准。早上的清洁工作有时候会变成社交活动，有时候我们的孩子会邀请一个特别的朋友早点到校来跟他一起工作，这时他会跟好朋友平分我们给的酬劳。每天早上的清洁时间都是一段快乐的时光。

这个经历所产生的附加效应就是，我们的孩子们在清洁这件事情上都不畏惧，非常有效率。有时候我们会因为让年幼的孩子承担任务而感到有些愧疚，但是随着时间的流逝，我们看到了积极的效果。我们相信这帮助他们获得了自我价值感，因为他们实实在在感受到他们为家庭和学校的生存做着必要的贡献。我们从而也明白，所有的孩子都会从这种作为团队一员的归属感中获益，好的教育方式应该认识到并且利用这一点。

FCS 甚至还创造了放学后的大扫除时间，让所有的孩子都参与学校的清洁，这已经成为学校生活很重要的一部分。我们请家长尊重和鼓励孩子参与这样的活动，并且要等孩子们进行完大扫除后再来接孩子。

再回到“珍宝之家”出售这件事情上来。我们为什么要卖掉房子？我们不能再另外买一所房产吗？实际情况是，获得政府资助的条件之一是提前两年告知 BGA 你购置房产的意图。我们很快就认识到，在菲茨洛伊这几乎是不可能的。平均来说，一所要拍卖的房产一般是提前 6 周才宣布。但事实就是这样，如果我们想申请政府的校舍援助资金，我们就需要找到一处能够提前两年就已确定可以卖给我们的房产。能够做到这一点的唯一方法就是把我们自己的房子卖给学校。

这是一个太大的牺牲，我们实在是无法接受，但学校的生存与保留自己的房产比起来，前者更加重要。理由是，先人后事！而且我们也不可能把房子带进坟墓。理论上是这样，现实中却困难得多。我们为此犹豫了几个月，也许一年多。

最终，我们做出了那个唯一可以让自己的良心感到安定的决定：同意将自己的房子卖给学校。我们学校的建设基金具有自愿性质，将伴随我们直到遥远的未来。我们很感谢我们的学生家长，如果没有他们的慷慨支持，FCS 将会面临财务危机。

将我们自己美丽的房子卖给学校对我们来说是正确的事情，我们并不后悔这一点，尽管这不是个容易做的决定。

9 为什么要建“社区”学校

Why do we make it a “community” school

一开始我们经常被问到的一个问题是：“你们为什么要称自己为‘社区’学校？”有人说“社区”学校这个词会让人产生误解。有人说很多“社区”学校是专门服务于那些不能适应主流学校、学习不好或者有行为问题的孩子的。我们也知道这种情况。

那我们是怎么想的呢？

回想起来，当时，我们特别喜欢建立一个“社区”的想法。我们认为，在现代社会里，儿童所失去的是一个积极的、对其具有塑造性作用的“社区”——类似于古老的村落。我们对于“社区”的概念可能和社会学家或者人类学家给出的定义不一样，但总而言之，我们是这么想的：我们想要建立一个环境，这个环境能够让置身其中的人们之间建立有意义的密切关系；这里的成员对彼此的幸福感认真对待；在这里，人们的交往不局限于上学期间，而是会一直延续到小学毕业以后。

我们想要创造一个持续的充满爱的环境。5 世纪的神学家和哲学家奥古斯丁将“社区”定义为“爱的共同体”，我们很喜欢这个定义。我们的爱的共同目标就是孩子。就像我们的校训“先人后事”对我们越来越重要一样，“社区”的概念对我们也越来越重要。

我们在 FCS 使用的是老房子，很少需要花钱购买设施。我们最重要的“设施”是与孩子们交流互动的人。从一开始，学校的收入大部分都用来雇佣教职工。我们也有志愿服务者，总是有足够多的好人喜欢在这里工作，这甚至都成了我们隐性课程的一个元素——人相对于昂贵的设施而言所具有的独特价值。

正如我们在前面所提到的，当时我们选择“社区”这个词还有一个现实的原因。为了注册，我们需要在法律上成立一个公司。马尔文社区学校慷慨相助，为我们提供了他们当初成立公司所需的文件。这样一来，我们需要做的仅仅是将“马尔文”替换成“菲茨洛伊”。这大大减少了我们的法律成本，否则我们会无力承担这项费用。但是，遗憾的是，我们不得不放弃我们曾经用过的名字——学校 1977、学校 1978、学校 1979……这些名字是那么简洁地表达了我们对于学校持续演化的理念。

因为 FCS 包含了孩子、家长、亲戚、教师、祝福者、参观者以及更多“社区”成员，我们认为“社区”是一个有活力的概念，具有赋能的作用。在 FCS，我们想建立一个真正的“社区”，一个学校、社会和世界都需要的“社区”。我们希望，学校的名字“FCS”中所包含的“社区”这个词，会被理解为一个充满力量的积极的概念。如果前来问询的家长一开始对这个称呼感觉不舒服，我们相信他们会慢慢理解，我们所努力建立的“社区”是一个丰富的赋能的概念。实际上，当我们有时想提醒孩子们要彼此关心的时候，我们说过很多次的一句话是 :“记住，你们的父母送你来的是一所‘社区’学校。”

“社区”这个词容易被简单地理解为一群人。如果严格执行规定的话，除了几位超负荷工作的教师，学校只允许 5 岁到 12 岁的孩子进入，而要排除其他的人。但是那样做的话，还算是一个真正的“社区”吗？其他的人去哪里了？不同年龄的人的自然组合去哪里了？我们发现，在一个自然组合的人群中，即使在没人监督的情况下，孩子的行为也会更加正常。

“社区”在 FCS 是一个真实的存在。因为人数少，也因为我们根据不同的年龄进行的各种组合和时间安排，大家彼此变得非常了解。另外，各种年龄组合也让大家产生一种对家庭的重视感。

我们还建立了大小孩伙伴制度，大龄的孩子对待这个任务非常认真。有时候大孩子会被赋予教师的职责，这会产生长期的示范效应——小龄的孩子也期待着有一天能够像大哥哥大姐姐那样，被赋予帮助和教育小弟弟小妹妹的责任。FCS 成为大家都喜欢来的地方，这里所有的人都抱着同一个目标，那就是守护孩子一生的幸福感。

PART 第二部分 TWO

A HAPPY AND EFFECTIVE MODEL OF EDUCATION

世界上有一种快乐高效的教育

Fitzroy Community School

1 独自上学
Going to school alone

现任校长蒂姆（我们的大儿子）知道，当他的两个学生自己走到面包店时，他的提议奏效了。这对学生兄妹一个8岁，一个6岁，一天清晨，他们独自离家，去面包店买了一个面包，然后又独自回到家。这种独立的行为发生在蒂姆的一次演说后。在演说中蒂姆呼吁家长要敢于放手，给孩子更多的自由。

在学校的年终音乐会上，蒂姆呼吁家长们允许孩子在没有成人陪伴的情况下去商店、公园、学校或朋友家，让孩子有更多机会探索这个世界："我们可以选择不去想象我们的孩子在公园里、上学路上、购物途中可能遭遇的各种灾难。如果克服这种恐惧，我们将培养出更有胆量的孩子，为其成为一个更有胆量的成年人奠定基础。"

在FCS我们所观察到的另外一个变化是，在最近十几年中，父母越来越担心孩子的安全。年龄大一些的父母往往更加谨慎。同时，近些年媒体所曝光的一些犯罪事件也增加了父母的焦虑（尽管这个世界并没有比以前变得更糟糕）。对于那些无法信任家庭之外的任何人的父母，我们感到很遗憾。如果父母能够不带感情色彩地客观地想一下，他们就会意识到，虐待儿童的现象毕竟是罕见的，并且越来越罕见，所以他们应该更有信心，鼓励孩子拥抱这个世界。父母有责任将他们的个人焦虑和孩子世界中的现实风险区分开来。

2012 年，当我们的 5、6 年级的学生学习《汤姆·索亚历险记》的时候，我们曾经问他们的一个问题就是，他们现在的生活和汤姆的生活有什么不同。一个男生是这么回答的：

男孩所享有的自由度是很不同的。想象 1835 年的汤姆和现在的我们，都在问是否可以去 6 公里以外的一个湖泊。汤姆的姑姑波莉告诉他说："当然可以。但要尽量几天以后就回来。"

我们的妈妈则可能会这样回答我们："不行，当然不行！你会迷路，疲惫不堪，会感到害怕，被别人揍，被性侵，被绑架，或者在路上受到伤害！就算你安全到了那里，也可能会掉到湖里淹死……"

你明白了吧?

作为一个社会，以及作为一个学校，我们比以前有着更多的限制。当然，更多的规章是为了保障每个人的安全。在教育行业，“照管义务”这个词经常挂在每个人的嘴上。我们要问的是“照管谁”。 在我们看来，被保护的是这个系统，或者教师，使他们免于被诉讼。在这样的考虑下，孩子长远的个人发展这一目标已经被抛出了窗外。

我们都同意，照管义务意味着首先应该让孩子受益。我们可以像保姆一样，禁止孩子独自上学、接触工具、爬树，或者其他可能会让他们受到皮肉伤的冒险活动；或者我们也可以像教育者一样，大胆地让孩子去走个人成的长必经之路，有机会去体验这些活动。这样的成长经历会让童年更加充满乐趣，年轻人会因此变得更加有能力，他们的生活更有意义，而且他们将来更不容易出现抑郁，也更有可能享有充实的一生。反之，如果我们将孩子过度保护起来，他们就没有机会去接触大自然和社会，或经历任何的挑战，进而从中学习成长。我们想要培养的是有能力、有自信、对生活有目标并且积极对待生命的年轻人。

我们的教育愿景是给个体赋能。所谓学校对学生的照管义务，可以从短期和长期两个角度进行理解。我们倾向于长期的角度。看到孩子们在警觉和能力方面的成长，令我们很开心。我们带领学生远足、露营和探险的机会比普通学校更多。我们也允许孩子们使用手工工具、陶器、餐具、烤箱等。

有些家长可能不赞同孩子们在此所享受和承担的更大尺度的自由和责任。那么，这些家庭应该寻找另一所学校。因为，FCS 严格来说是一所“户外拓展”式的学校。每个周三是游泳的日子，我们还有大量的外出和露营活动。我们所说的不是那种严格监督下的露营，不是那种将孩子们带到乡村但让他们住在舒适平房的那种露营。不，我们的露营地是“大地”，那里没有热水，没有洗衣房，没有电，没有抽水马桶……没有任何现代化的生活设备。我们并不是特意制造困难，我们的方法是让一切变得有乐趣。那里有睡袋，孩子们可以在篝火上烹饪，以及许多许多的自由活动——孩子们自己发明的探险。他们回到城市后常常会“长高了一英寸”，而且他们总是期待更多的露营。

曾经有些家长担心小孩子会发生意外或受伤，希望他们的孩子退出体育课和在灌木林的露营活动。的确，判断这个世界对他们的孩子是否安全是家长的职责，但是我们学校只为某一类家长服务：这些家长相信，通过像我们这样的实践活动，可以让孩子获得自信和成长，而这比过度保护孩子，然后在孩子错过了最佳个性发展期以后，将毫无准备的孩子投入这个社会更加安全。

除了露营的经验，我们也鼓励孩子独自上学、自己使用锯和锤子，还通过让孩子参与喜剧、舞蹈或者媒体活动，与艺术家、记者或者其他有创意的人进行愉快的接触。我们希望孩子们参与更广阔的世界，了解其中的生活。是的，这个世界偶尔有危险，但是我们相信经验丰富的孩子将比那些与世隔绝的孩子更善于处理这些危险情况。我们是个注重个人能力拓展的学校。

很多年以来我们都在担心，在关于人身安全的战斗中，FCS 显然是站在一个少数派的队伍里，而学校很可能因此被认为有些不负责任。但让人欣慰的是，有越来越多的教育者已经意识到过度保护和过多的安全规定给孩子带来的严重后果，并且开始为此发声。英国的蒂姆·吉尔有一个内容丰富的网站，他通过网站向政府、教师和家长传达他对于这个话题的主张。他写了很多文章，还为自己的一本书取了个颇有趣味的名字《不要害怕》。

美国一个教育学教授霍华德·加德纳和凯特·戴维斯在他们的著作《应用程序的一代》中说，孩子们正在变得越来越不愿承担风险。他们说，孩子不再想去探索和尝试新的事物，而是想要被告知如何去做、如何去完成一件事。加德纳和戴维斯担忧的是，当我们一味安排孩子沿着一个既定的方向去发展时，最后只会养育出拘束自缚的成人。我们同意他们的观点，即父母往往会选择最安全的道路，因为他们想成为“最好的父母”，但这恰恰害了孩子。

2 自由时间 Free time

要成长为完整的人，孩子需要自由时间。现在的家长养育孩子的一个共同问题就是，孩子的生活被过度安排。他们在学校里度过很多个小时，放学后和周末的时间还经常被安排去参加各种各样的活动。家长认为这样做是有好处的，我们也认为确实有某些好处，但是如果一个孩子被剥夺了所有的自由时间，代价会是什么呢？孩子需要自由时间来做梦、发明创造、与人互动、做他们想做的事情——而不是别人认为他应该做的事情，尽管那是出于好意。他们需要空间来发现自己，探索自己喜欢什么和不喜欢什么，以及别人喜欢什么和不喜欢什么。

孩子需要有机会学习如何使用闲暇时间。经常被来回地安排，会使孩子习惯于依赖他人来为自己做计划。有些习惯了听别人安排的孩子，当没有权威人物为他们规定任务的时候，他们会变得焦虑。也有些孩子，当家长或者老师没有安排活动的时候，就觉得百无聊赖，还有些孩子甚至就开始趁机捣乱。

这种长期过度安排对孩子是有害的，对我们将来的社会也不利。我们用这种方式培养的是一些凡夫俗子——尽管可能是一些颇有成就的凡夫俗子。我们的世界需要的是能够独立思考和自我管理的人，能够自己分辨是非、有想象力、有精神力量的人。我们必须要警醒，保证我们不剥夺孩子的自由时间。在没有别人规定应该做什么的情况下，孩子会做什么？如果我们跟孩子的关系仅仅限于课堂或者其他有结构性的活动这个层面，我们对孩子的了解将是肤浅的。

孩子在迈向独立的成年生活的过程中，会受到各种因素的影响，有些是相互冲突的。孩子会尝试不同的存在方式。他们利用自由时间去尝试他们从周围世界所观察到的态度和行为，或者从媒体和广告中所看到的态度和行为。对于所尝试的这些态度和行为，孩子需要生活中那些举足轻重的成年人给出反馈，好知道这些态度和行为能否被接受。对孩子来说，这些在身边的成年人就代表了更大的世界。照料孩子的成年人，有责任确保他们在这个时候对孩子做出的反应，不管从情感还是智力上来说，都是能够被孩子所理解和接受的。通过这样的交流，孩子会发现何为成功的人际交往，并形成习惯。如果家长的声音是一个受孩子尊重的声音，就可以产生更加有力的正面影响。

在 FCS，对自由时间的监管由一位资深的老师负责。监管并不意味着事必躬亲。老师会在各处走动，把握整个时间段中孩子的全部活动，并且只在孩子需要的时候才会干预和提供反馈。当孩子被给予机会的时候，他们能够自己解决很多问题，然而，知道有个老师在场并且会在必要的时候提供帮助，这种安全感对孩子来说也非常重要。如果孩子在生活中很少或者根本没有自由时间，他们将难以形成独立意识，他们的自我认识和自我管理能力也将得不到充分发展。

周三会有很多选修课供孩子选择：手工、法语、网球以及其他体育项目。不参加这些选修课的孩子也许会组织一场小型音乐会，下棋、绘画和涂色、烘烤蛋糕，或者跟朋友、老师和家长聊天，帮助布置下午茶，或者到图书馆去读一本书。周三下午两点，电脑室会开放，孩子们可以玩电脑游戏。在其他日子，每天也至少有一节课的自由时间。对更小的孩子来说，我们会安排每天两节课的自由时间。

除了周三的自由时间，我们还有许多营地活动。这些营地活动通常是完全没有计划的。我们想让孩子们在没有刻意组织的活动中快乐随性地玩耍，自由地去探索和发现。在这样的活动中，他们学会了管理自己，学会了灵活调整，自主行动。这就是迈向个体赋能之路。

3 烧烤日、喝汤日和下午茶

The BBQ day, soup day and afternoon tea time

对 FCS 来说，共同准备和分享食物从来都是很重要的一件事情。分享食物不只意味着获得营养补充，从一口锅里盛饭并且一起享用，会建立一种归属感、平等感和集体感，这个时候没有了“他们”和“我们”之分。

记得我们自己上学的时候，曾体会食物带给人的那种分别感：有人带的午餐很丰盛，而有人的则很普通，还有的人甚至没有带午餐。读赛丽·摩根的《我们的地盘》时，她关于学校午餐的那段描写令我们感动。赛丽来自一个贫穷的土著家庭，她的午餐很寒酸，当看到别人丰盛的午餐时，她感到非常尴尬失落。她的午餐使她跟别人不同。

我们反对由于午餐的标准不同而在孩子中间产生分化。我们的愿景是建立一个大家庭，其中的每个孩子都有着同等的地位。在学校刚成立的那段时间，学生人数还比较少，我们每天都自己做饭，这非常有趣。我们还在每周中的一天安排一次“正式午餐”。那一天，我们会在绿屋布置好餐桌，吃饭的时候，我们会练习最好的餐桌礼仪、练习谈话的艺术，讨论真正良好的礼仪所蕴含的意义。随着学校人数的增加，我们不得不取消了“正式午餐”活动。为了弥补这个缺失，现在我们会给孩子安排茶会。开茶会的时候，我们也会布置好漂亮的桌子，学习礼仪。

在学校成立早期，雪莉和丹尼斯这对家长主动帮助我们去当地的市场采购食品。那些日子，钱总是很紧张，但他们总能为我们采购到物美价廉的食品。亚瑟也是早年非常受欢迎的家长，连续很多年，他每周都到维多利亚市场为我们采购丰富的肉类、奶酪、蔬菜和水果。后来，盖碧和蒂姆这对家长，主动发起并安排我们每周三的午餐烧烤。他们成功地将这件事情坚持了好几个月，之后当蒂姆不能继续帮忙的时候，盖碧就制订了一个家长值日表。后来盖碧将这项责任传给了别人，但这个传统却一直保持下来。值日表上的家长需要准备大量的蔬菜，切好弄熟，再加上由肉铺当天做好并送来的香肠，烧烤午餐异常丰盛。每周都能看到一群开心的男男女女在这里忙碌，这也提升了学校的家庭氛围。有那么几年，佐菲亚一直都是我们这里的烤香肠高手。

冬季的周四是“喝汤日”。冰箱上贴着一个家长值日表，如果哪位家长能够在周四给学校做一顿汤，他们就可以把自己的名字写在上面。有些家长会在前一天把学校的大锅带回家，在家里把汤做好，第二天再带到学校；也有的家长周四当天会将做汤的材料带过来，在学校的厨房做汤。

有些时候，午餐是学校的某个员工或者来做志愿者的某位家长帮忙做的。孩子也经常帮着准备午餐，其实更多的时候是孩子们自己做饭，老师或家长有时会帮助他们，有时不会。

有这么多人慷慨地奉献热心、手艺和时间，才使得 FCS 的每个人都能吃得开心且营养全面。如果没有共享午餐的传统，我们这个“社区”的凝聚力和温暖感将会大打折扣。这一传统的保持得益于很多父母和员工踊跃帮忙采购及准备食物，我们深深感激他们所做的贡献。

再强调一下，共享食物的重要性远不止保证每个人吃得好。共同进餐有助于建立一种在一起的感觉，一种平等的“社区”氛围。真正的“社区”是很难得的，是需要我们努力创造和保持的。

现在关于食物的问题已不像早先那么简单了。FCS 在 1976 年刚刚成立时，需要特别照顾的只有一个素食家庭。现在，除了照顾一些素食家庭的孩子，负责肉类采购的人要确保有不同种类的肉，还需要准备一些清真食物。面包也不仅仅是质量不错的全麦面包或裸麦酸面包，我们还为某些孩子提供特殊的无麸质面包。我们还准备了一种特殊的烤面包机和切菜板，专门给那些有腹部不适症状的孩子做食物用。如果有孩子对花生过敏的话，我们会非常小心，不在食物里放花生酱或者坚果。牛奶也不只有普通的牛奶……

我们的朋友吉尔热衷于教育和写作，她参加过我们的下午茶，随后写了一篇短文，题目为《两个优雅的女人在喝茶》。

“你好！”四个年轻的女孩为我们打开了FCS的大门，当中年龄最小的那个首先跟我们打招呼。

“你愿意让我们带你参观一下学校吗？”

“那简直太好了，”我说，“我是吉尔。”

“我是帕梅拉。”跟我一同前来的访问者说。

“我是但丁，这是我的朋友艾拉、卜丽娣和克洛伊。”

我们进入了一个有着美丽的瓷砖地面的门厅。沿着左边的墙面，有一个很陡的木制楼梯。

“这是图书馆。”艾拉一边说，一边领着我们进入了右手边一个宽敞的房间，房间的墙面上布满书架，上面是满满的书。我们在上面找到了各自最喜欢的书,《纳尼亚传奇》《好饿好饿的毛毛虫》等，都是一些很经典的读物。

我们沿着狭窄的过道进入了隔壁的一套房子，在那里我们看到菲和一些朋友以及学生的父母正围坐在一条长长的桌子旁边喝茶。有些是已经从这个学校毕业的学生，回到学校来叙旧或者帮忙的。菲的怀里抱着一个婴儿，周围有一些孩子进进出出。这是周三下午三点钟的下午茶时间，谁都可以来喝一杯茶。这也是一周当中唯一允许孩子们吃糖果的一天。

我们的向导是一群9岁左右的孩子，他们领着我们上了楼梯，来到了数学教室。那里有一层层的架子，上面摆着孩子们的作业盒子。然后我们又被领着参观了其他的办公室、英语教室、音乐教室，以及一个门口摆满了鞋子的大大的活动室。我们看到正好有孩子在进出，有些人在屋里的大垫子上跳跃，有的在窄窄的平衡木上练习技能。楼梯井里挂着一个大大的地球仪，我们禁不住伸手拨动了一下。

参观结束后,我们回到厨房的长桌旁坐下来,准备喝茶,这时帕梅拉和我遭遇了“电影摄制组”的“突袭”邀请。

“我们正在制作一部电影。”西莱斯蒂说，“我们需要你们表演两个优雅的女人在喝茶。情节是，有位售货员来到门口，手里拿着一盘东西要卖给你们，然后你们有一位要说：‘哦，看哪，金戒指！’然后凑近了一看，说：‘哦，不是，不是真的金子！’然后就放下了戒指。”

“第二位优雅的女人会从盘子里挑选一枚胸针，说：‘太漂亮了！’，然后又说：‘哦，不，不是真的钻石！’”

听从学生导演的指示，我们端着茶杯，到了学校大门前准备拍摄。不过当时有些父母正准备接孩子回家，有些父母正催孩子赶紧整理书包，有的孩子却依然跑来跑去。最后一切终于回归平静，我们才得以继续拍摄。

帕梅拉和我都希望我们恰到好处地演出了两个女人的神态。

4 “社区”中心——厨房

Kitchen as the centre of the big family

FCS 家庭式文化的一个表现就是，厨房是每个人的生活中心。

厨房是一个社交场所，在这里你能体验到什么是真正的社区。厨房属于每一个人，包括孩子、教师、父母、过去的学生、访问者、送东西的人、实习教师、祖父母、来访的教师、帮助者、巡视员等。与其他学校不同的是，我们没有教师办公室，厨房就是很多老师的办公室，在这里，每天早上都挤满因为各种原因来到学校的人。只有一次，一位实习教师问：“员工办公室在哪儿？”当我们回答“没有”的时候，她问：“那么，你们不想让学生看到你们的时候会躲在哪里？”

我们知道刚才描述的场景听上去有些无序，也许吧……尽管厨房是个忙碌的场所，但是，在忙碌的背后其实有一种充满活力的秩序，不管就社交而言，还是就行政管理而言。在厨房这个神经中枢，伴随着友好的交谈、喝茶和吃饭等活动，有很多的事情得以及时讨论、解决和完成。这种非正式的场景产生了太多有建设性和创造性的成果，而这代表着我们学校整体运营的典型方式。那些外出、探险、讲座、竞赛活动、音乐会、运动会、戏剧表演以及其他新的活动项目，都没有经过正式的会议、书面文件或者官僚程序，却成功地及时开展。我们的环境是非常个人化的，而不是体制化的。

早上的厨房是怎样一幅景象呢？有的人在聊天，其中有大人也有孩子，有的在读报纸，有的在画画，有的在下棋或者读书，几个老师可能围着课程表在讨论当天需要做什么改动。在这样一个环境里，一个人会学会尊重，包括对于他人空间的尊重。即使在一个活跃的大组中，还是有可能找到一个安静的地方做自己的事情。在这看似混乱的环境中，一位老师可能正在专心地批改作业，这是很平常的事情。有些时候，孩子、教师和父母会凑在一起共同研究一个字谜游戏，或者完成某个人在报纸上发现的某个问卷。在一天的正式学习活动即晨会开始之前，所有的“社区”成员都可以来聊天。8∶50 晨会开始，所有的孩子都会放下他们正在做的事情，赶到会议室集合。父母和其他家庭成员以及访问者和教师员工都可以参加会议，但也有些人继续留在厨房里愉快地喝茶或者跟人聊天。

FCS 的厨房就是“社区”的象征。“社区”总是带给人一种安心的感觉，而人类就是在“社区”中得以发展。“社区”对孩子来说是一个自然的所在，带给他们情感的温暖和安全感。如果你在一天当中的任何时候造访学校，都会在这里看到孩子、教师、母亲、父亲、婴儿、学走路的孩子、叔叔、阿姨、祖父母，以及其他不同年龄、不同角色的访客。

用“独树一帜”一词来形容食物在我们这个“社区”文化中的地位真是恰如其分。厨房里每天都有不限量的食物和饮料供应，招待来到这里的每一个人。每周不同的日子，会有不同的饮食安排。例如，周二是市场日，周三是烧烤日，周四则是喝汤日。父母各尽所能，自愿地为这些安排付出努力。在任何时候，你都会看到一两个甚至好几个成年人，在厨房里喝茶聊天吃点心；你也经常会看到三五个孩子，一边烤吐司面包或做三明治，一边轻松地聊着天。你也许会发现，有的人正忙着搅拌锅里的食材，或者正在品尝刚刚出炉的烤蛋糕，带着满满的家的幸福感。

当蛋糕烤熟的时候，也许我们正在教室里给孩子们上课，这时烤蛋糕的人会将一块新鲜出炉的蛋糕送到我们的教室。

不久之前，当大多数孩子去参加混龄的营地活动时，那些留下来的孩子在英语课上问，是否可以一边喝茶吃点心一边上课。我们同意了，那样的话这堂课的主题就叫作“下午茶礼仪”及“谈话的艺术”。于是在那堂课上，我们一起阅读和讨论了里乌的诗歌《“打碎”先生下午好》(*Good Afternoon Sir Smashem Uppe*)，描写的是一个给所有主人都带来麻烦的下午茶客人。

分享食物对于 FCS“社区”精神的培养发挥着重要的作用。每个周三的下午，厨房就是成年人的下午茶乐园。任何跟学校有关的成年人，不管是教师、父母、祖父母、毕业生的父母、即将入学的孩子的父母，对 FCS 感兴趣的朋友或者访客，在这里都会受到欢迎。在一个非正式的、友好的环境下，父母有机会在一起聊天，教师也有机会互相聊天或者跟父母聊天，而过去的学生也会回来跟之前的老师和朋友见面，或者跟任何一位同他们建立了某种联系的其他家长叙叙旧。对访客来说，这样的场合可以帮助他们更好地了解学校，了解到底是什么在塑造着这个“社区”。有时候，一些来考察学校的父母会在某个孩子的带领下参观学校，对这些父母来说，感受学校最为真实的气氛是非常重要的。参观完之后，他们可以坐下来喝一杯茶，跟其他父母或教师交谈。这种繁忙的景象就好比是学校的明信片，是学校最好的缩影。我们喜欢加入下午茶活动，但是我们也喜欢只是站在旁边欣赏眼前这一切，看着每个人脸上快乐放松的表情，我们深吸一口气，享受家一般的温暖。

5 弹性课程表
Flexible timetable

FCS 的一个独特之处是，它的课程表是灵活的、随时可变的。学校厨房的墙上贴着一张纸质课程表，上面有一系列有趣的科目，包括学业科目以及艺术和创意课，还有自由时间。然而，我们并不受这个课表的限制。如果有趣的事情发生了，我们会毫不犹豫地临时调整步伐和风格，采用更加有趣的方式来学习。这是小学校的优势之一，临时的改变不会带来大的麻烦。教师对这种方式非常支持，他们也习惯了临时接到通知并愿意改变原先的计划。

因为我们坚持这种灵活的方式，并且能够快速地组织和做出调整，我们经常会接到一些临时的活动邀请。例如：某个剧团可能需要观众；老人院可能需要举办一个小型的音乐会；记者或者摄影师可能会打电话来采访或者拍照录相；出版商可能希望来拍摄孩子对他们即将出版和推广的新书的反应，等等。有时候，当我们听说在市政广场将举办某个有趣的活动，我们就会立马去参加。我们的朋友们经常来为孩子们朗诵诗歌和文学作品，教孩子们辩论，向孩子们讲述他们的职业生涯，解释厄尔尼诺现象，教孩子们学习拉丁文等。其他教师也利用各自的朋友，例如，邀请朋友来教孩子们制作鞋子和泰迪熊，或者对某一项体育项目提供有针对性的指导。

很多小学的课程表变得越来越拥挤，但是在 FCS，我们依然努力保留着我们宝贵的“自由时间”，虽然这对高年级来说会更加困难。周三是可选活动最多的一天，只有游泳课是固定不变的。我们寻求更多的外出活动、露营以及与社会互动的机会。当与真实世界互动的有趣机会出现时，我们会放弃计划好的课表，走出校门去体验。所有的老师都知道自己应该灵活：他们准时进入教室，但也可能随时带领孩子们离开课堂去观察一匹刚出生的小马驹。

我们会帮助新入学的孩子学会如何在多人的群体中恰当地表现自己，理解规则，并能在学校的日常生活中结交朋友。我们不承诺在第一年就教孩子学习那些正式课程（英语、数学等）。我们所有人都致力于教导孩子在学校群体中如何与他人共存。我们希望孩子将规则视为己有，我们通过不断地试错来培养他们，并在教室中通过理性的对话解决问题。这些是为了让学校真正成为孩子们的学校，让他们与成年人在一起平等生活。

在课堂上，如果学生在合作方面出现了问题，我们会暂时停止讲课，花足够长的时间来讨论如何解决问题。我们用这种方法逐渐提高了学生参与课堂活动的水平。多年后我们才意识到，在课程表上将互动技能的培养置于学业技能之上，会带来意想不到的学业成就——甚至对小学低年级学生也是如此。这是我们的意外发现，即如果你想要取得很高的学业成就，就要把沟通技巧放在首位。

沟通技巧极大地增强了孩子们在学校生活中处理问题的能力，在学校之外也是一样。良好的沟通带来良好的合作。FCS 取得了更好的学业成果，并且是用相对较少的课堂学习时间。这是因为我们的教学体制不是一味地“让孩子守秩序”，我们知道在有抗拒的情况下开展教学，无法取得好的效果。在孩子与老师合作良好的情况下，一节课下来孩子的收获是令人惊叹的。

当前大多数学校的教育，更多的时间是将孩子关在教室里，但是收获却很小，因此我们必须提出这个令人痛苦的问题：今天有多少学校的教育只是发挥保姆的作用？

6 锯和锤子 Saws and hammers

我们平常会允许孩子们用木头作为材料，用锤子和锯作为工具去制作各种东西。整个过程中孩子基本是在没有监督的状态下工作的，我们只是在孩子提出请求时才提供帮助。采取这个政策，是因为我们发现这样做的结果是：能够给孩子带来快乐，培养“我能行”的作风，发展孩子的能力，促进技能的分享，增加孩子的生活常识。

我们的方法实际上增强了校园的安全性。在开办学校的 40 多年里，意外情况极少出现。在我们的学校中，你可以遇见很多人，也可以做很多事：这是一个真实的世界，是一个让人脑洞大开的环境，孩子的能力每天都在增长。

有的家长可能会有一种强烈观点，即认为所有的工具都可能导致潜在事故，比如划伤或者瘀青，因此应该将工具束之高阁，或者只有在成人监督下才能使用。极端的情况下，家长会让政府巡视人员介入。一所非公立学校，如果有一个怀有敌意的家长向政府巡视员“投诉”，那么随之而来的将会是耗费时间和精力的、冗长的紧急调查。尽管我们所有的客户都是付费的，但是很明确的一点是，如果家长不满意或不同意我们的做法，他们只需要离开学校即可。

耳听为虚，眼见为实，父母到学校进行实际体验，不仅让孩子更加安心，父母本身也会更加放心。来访的家长们喜欢 FCS 每日的时光，因为在这里有一种归属感，每个人都感到自己受欢迎。孩子在这样的环境里是放松的、有活力的，特别是当他们看到自己的父母也受到欢迎，并很喜欢在这里逗留的时候。因此我们鼓励父母来学校，即使不能经常来，偶尔为之也是很好的。

7 不同寻常的老师队伍
The extraordinary teaching force

FCS 是独特的，一个主要原因是我们有优秀的教职工，虽然我们给教师的工资并不高。我们不要求教师有更高的学历，也不要求他们付出比其他学校老师更长的工作时间。但他们在各自的领域的确都很有天赋，更重要的是，他们对学校怀有极大的热情。

下面举几个例子。优秀的副校长珍妮特对学校任何时候发生的任何事情都了如指掌。真正的同盟者亚瑟，从一开始就陪伴着我们，几十年如一日，每周去市场采购学校所需的食物，并且在学校教孩子们制作玩具。总是从容不迫的亚瑟，在每年的戏剧表演活动中总是在场，担任道具设计和制作。莎曼姆是我们的戏剧导演，20 年前就加入了我们，那时她每周在学校教授一个小时的网球，现在她是我们出色的全职体育和戏剧、舞蹈教师。妮基是我们卓越的艺术老师，她多年来引导孩子体验艺术的美，2014 年她的女儿也开始在 FCS 学习。最后，另外一个蒂姆，和我们的大儿子蒂姆是高中的好同学，负责我们的电脑维护，需要的时候他也帮忙教数学课。除了这些，还有其他一些出色的教师也加入了我们。

教师可以为孩子内在能力的发展做出什么贡献呢？首先，教师可以营造一种氛围，使孩子愿意且能够表达出他们内在的想法。教室里必须禁止玩世不恭、嘲讽、不良竞争，以及其他影响学生真诚表达的风气。

做到这一点需要有经验和熟谙教学艺术的教师。例如，教师可以给孩子读励志的故事，也可以让孩子听励志的音乐，或者让他们朗读励志戏剧中的某段话。当时机成熟，所有的人都愿意去信任别人的时候，孩子们就会分享他们的心声。教师要用心保护这样宝贵的时刻。随着时间的推移，如果教师能够保持或者重新构建同样安全的港湾，那么更多的学生就会愿意加入分享者的行列。

社会总体上没有关注到教师对孩子的巨大影响。正是由于教师如此重要的塑造作用，我们对于人员雇用总是非常谨慎，并且对学校的生活方式极其在意。FCS 认为教学是一项事业，不仅仅是一份工作。

如果有人提出一些好的令人鼓舞的建议，不管做起来需要多长时间，我们都会尝试改进。接受有才华者的贡献，不管需要耗费多长时间，这是我们的政策，这也意味着我们因此能够保持很高的教学水平和丰富、有活力的校园文化，让学校成为大家愿意来的地方。感谢那些与我们相遇的人，是他们帮助我们开发了多样性的活动，例如：烹饪、缝纫，拉丁语学习，珠宝制作、风筝制作，骑自行车宿营，由《杀死一只知更鸟》所引起的关于社会问题的讨论，马术营地活动，专业艺术课、书法、辩论、公共演讲，自然学习，考古学，从《哈克贝利·费恩历险记》看马克·吐温的道德，剧本写作、电影制作，写作营地，观察蜂巢、果园，参观橄榄树林，以及爬树等，这些活动极大地丰富了学生每周的生活。还有很多活动我们没有一一列举，总之，很多对某件事情有着特殊热爱的人，无偿向孩子们提供了大量的学习机会，令我们受益匪浅。

我们雇用专业音乐教师就是我们招贤纳士的一个典型例子。我们雇用的音乐教师有时候最多在这里工作一到两年，然后他们就会到别处去谋求更好的发展。然而，因为他们的教学质量卓越，而且他们参与音乐世界的经历也能为孩子树立榜样，因此，即使他们只能服务很短的时间，我们也愿意雇用他们。他们带着我们的祝福从这里离开，加入歌剧公司或世界各地的乐团，或者获得著名大学的音乐奖学金。有三位音乐老师曾给我们留下深刻印象，他们是非凡的合唱团团长理查德·尼古拉斯，曾做过我们声乐老师的歌剧演员约书亚·布鲁姆（他现在主要在旧金山和伦敦两地发展），以及我们曾经的小提琴教师琳达·普利本那奥（她后来去米兰学习巴洛克小提琴）。

为了全面起见，我们这里要谈及另外一个要素，即教育者的价值观。所有人都有价值观。对孩子假装你没有价值观是不正常的。孩子长大后可能对你的一些价值观有排斥，他们可能会转而认同其他的价值观——但是不存在不传授价值观这样的事。刻意地声称不传授价值观是一个奇怪的目标，除非你抚养的是一群机器人。事实上，如果你与孩子们一周相处五天，想要不对他们的价值观产生影响也是不可能的。

班级和学校的生活方式中包含内在的价值观。这些影响随时发生，如果你否认它，那你就是在试图逃避为自己实际所传递的价值观承担责任。

否认人的个性化发展的制度，其背后的价值观往往是最缺乏人性的。当人们有意识地为他们所传递的价值观负起责任时，那些价值观往往比人们盲目服从的体制更具有人性。

但是，身为家长，你可能会说，我们不希望孩子的价值观被学校教师影响，我们期望掌管家庭成员的价值观。不好意思，这话你说得太迟了。你已经把自己的孩子托付给了学校。他们不可能不受学校教职工的态度和行为影响。你能做的就是为孩子选择在价值观方面能够让你欣赏的教育者。

作为家长，如何为孩子选择教育者？如果教育者所表达的价值观与他实际运营学校的方式不一致，孩子们将从中学到什么？他们会学到，当一个人说话的时候，只需动动嘴唇发出声音，而不需要践行自己说的话。于是，孩子们会对所有关于价值观的讨论表示怀疑，而这对他们来说是巨大的损失。

去实地访问一所学校，并努力感受它所提供的讯息带给你什么想法。那里充满活力吗？人人追求卓越吗？有没有令人愉悦的氛围？人们说话是否带着尊重，是否表现出个人责任感？

如果教育者表达的价值观与他的行为是一致的，就会引起孩子的重视，孩子自身的价值观就会得到正确发展。当孩子看到行为背后的价值观，他们会欣赏表达这些价值观的语言。他们会意识到，价值观是存在的，并且可以提高所有人的生活质量，而有些话语也是真正弥足珍贵的。

这样一来，在前行的道路上，孩子们会保持开放的作风，也愿意探索更广阔的世界以及历史上许多伟大的老师用来表达价值观的语言。

对孩子来说，榜样是最重要的，其次是参与到问题的讨论中，而第三则是教育者关于价值观的表达——之所以将其列为第三条，是因为如果与前两条不一致，第三条将毫无价值。

再回到当初的那一点：我们需要明白，孩子毕竟不是成人。用成人的道德标准判断一个孩子的行为是不恰当的。年轻人会从他们所吸收的各种东西中去尝试不同的行为和作风。

“社区”中有爱心的成年人，有责任对孩子的态度和行为进行负责任的反馈。对年轻人来说，学校“社区”中充满关爱的成年人代表着家庭之外更广阔的世界。孩子们有天生的性格特质，而且会受家庭生活的影响。但是学校里的生活方式、教师的行为示范及他们对孩子的反馈，以及教师与家长的关系等，所有这些因素都会影响孩子习惯的形成，并决定孩子将成长为怎样的青少年和成年人。

8 身体接触
Bodily contact

在“照管义务”的旗帜下，澳大利亚所采取的最令人悲哀的一项政策就是“零身体接触”。这项政策被某些人极端地加以实施，以至于他们连帮孩子涂抹防晒霜和贴创可贴这样的事情都不敢做。我们甚至读到过这样一则消息：某个学校禁止学生之间击掌庆祝。这样的疯狂要求何时能止？

通过在学校禁止任何身体接触，我们在告诉孩子什么呢？最初 13 年的学习生涯，在一个不允许有身体接触的环境中度过，这对孩子的一生将产生怎样的负面影响，是不言而喻的。当一个孩子走过来碰触我们的身体，我们却要拒绝他的时候，我们传达给孩子怎样的信号？我们真的相信，在孩子的学习生涯中，我们不自然地拒绝这种身体接触，就是对孩子负责任吗？

人类需要身体的接触，特别是孩子们。在学校里，适当的身体接触能够让孩童平静下来，它能提供安全感，表达同情心，并且培养同理心，让孩子学会爱和关心他人。

教育当局怎么能禁止教师使用这种最为自然的方式来安慰孩子呢？因为担心极少数的作恶者，就禁止人与人之间的极为宝贵、自然的身体接触，这难道不是一件很恶劣的事情吗？如果有一天 FCS 也不允许教师碰触孩子的身体，那将会是我们学校的最后一天。

教育机构人员曾经指示我们，在父母决定让孩子加入我们学校的时候，要告知家长我们没有“零身体接触”政策，并请父母签一份文件，表明父母知道我们的政策并且愿意遵守。考虑到关于身体接触的极端作风，我们很高兴父母知晓并接纳我们的学校文化。

FCS 的女教师和男教师数量相当。这样的一个组合反映的是现实世界的样子，这使得学生所成长的环境接近真实生活。男性和女性有所不同，这是孩子在成长过程中所需要了解的重要的知识，不管男孩女孩都需要了解。一般来说，男性的嗓音更低沉、粗哑、雄厚，男性通常更习惯于体力活动，习惯于喧闹，因此男教师更容易跟“过度”活跃的男生相处，不太将这些看成是问题。因为这些男老师能够认同男孩的这些特点，他们也能够进行必要的控制，有时候甚至是严厉的，但是不会陷于对孩子的道德谴责或者为之感到焦虑。在男性和女性混合的环境下生活，对孩子的成长是有好处的。能够同时与男性和女性自在地相处，这对于一个人来说是一种优势。

近些年来，媒体曝光的校园儿童猥亵事件越来越多，对此，人们表现出更多的担忧。其实，儿童猥亵不是什么新鲜事，而且我们相信，从统计数字上来说，今天的情况并不比以前更严重，只是现在大家更关注这个问题而已。但是以我们的经验，如果孩子回家抱怨一位男性教师，相较于抱怨一位女性教师，会更加容易引起家长重视。每当一位精力充沛的年轻男性教师加入我们的时候，初期总会有家长表现出担忧。

一个令人惊讶的事实是，经常在过了一段时间后，那个起初令家长担忧的男性教师反而成了他们最喜欢的教师。家长和孩子适应男性教师的过程，是我们所面临的真实挑战，需要我们冷静接受。在小学教育阶段，男性教师已经成为“稀有物种”，这是令人伤心的事实，对于孩子的成长来说是不小的损失。在 FCS，男性跟女性一样都受到保护。我们推崇有力量的男性和女性，而让孩子在日常生活中体验到这一点，其作用胜过千言万语。为什么？因为我们想鼓励男孩和女孩都成长为有力量的人。

我们面临的挑战也在慢慢变化。我们努力将孩子带离当今人们神经质般的恐惧阴影。我们对“照管义务”充满热情并且有着自己清晰的理解。父母有权为孩子选择理想的学校，一所与他们的价值观和世界观相符合的学校。FCS的存在，就是为了服务于那些在什么是好的教育上与我们有着同样理念的家庭。我们认为，这些父母既相信完整儿童的发展，又相信孩子将来会成长为充分发展的成年人。

9 七年不换老师

Same teachers for seven years

我们的课堂很有效率且充满活力，这是因为每个学科都是由热忱的专业老师来教授的，这些老师整个小学阶段都在陪伴学生成长。我们给孩子提供最好的专业课老师，而且，他们不用教很多门不同的课，尤其是那些他们不太擅长的课，他们只教授自己最喜欢、最擅长的学科。因此，他们是带着对这个学科的爱来教学的，而这种爱是一位教师能够带给课堂的最宝贵的东西。如果教师表现出对某个学科的真正热爱，那么学生就会受到影响，同样会喜欢上那门课。

教师能够陪伴孩子整个小学阶段，跟一位教师在一个学年教所有的课程，然后第二年又换成另外的教师，是很不同的教学方式。在 FCS，教师能够连续七年教同样的孩子同样的科目。这种方法很有效，因为在每个学年的开始，老师都知道每个孩子的水平，以及如何继续帮助孩子。这样我们不用在每个学年测试每个孩子的学习水平，就可以实现顺利衔接。

除了这些实际的好处，这种课程实施方法带来的最大收益就是教师和孩子之间建立起的长久友谊。连续 7 年跟孩子密切接触，意味着教师非常了解孩子，孩子也了解和信任教师。信任的建立需要时间并以共同的经历为基础。教师对孩子的优势和劣势了如指掌，包括孩子的学业、社会情感能力等方面，这种个性化的熟悉度使得教师能够帮助孩子取长补短，在进一步提升优势的同时，克服弱势并提升信心和能力。

7 年的密切相处是一种特殊待遇，能够带给教师极大的满足感，也有助于建立师生关系。这就是经典作品《小王子》想要告诉我们的。跟他人建立联系需要时间，但是也只有经过这些时间才能真正发展出友谊。狐狸告诉小王子说，是他跟玫瑰相处的这段时间使得玫瑰变得重要起来，使得玫瑰成为这个世界上独一无二的东西。

7 年之后，孩子们已经与“社区”里的几位成年人建立起了长久的友谊，包括教师，以及同学的父母。有时候孩子可能会跟临时的实习老师建立联系，因为那个人可能无意中点燃了孩子某个新的兴趣点。学校有一些固定的教师，又时常有一些来访者，这既活跃了气氛、增加了趣味，同时也有助于丰富人们之间的友谊。我们和学生以及他们的父母在多年中建立的友谊，给我们带来了无尽的喜悦。

10 我们喜欢开会
We love meetings

每天的学校生活都以晨会开始。所有孩子、教职工以及任何有兴趣的父母和访客都可以参加晨会。有时候我们会有演讲嘉宾。我们会分享世界新闻、家里的新鲜事儿、周末的冒险、某个学生掉牙齿的消息、文学作品的章节、当日的学校活动计划等——接着通常会有针对前面提到的某个问题的自由发言或提问。通过晨会，孩子们学会在众人面前讲话不紧张，在别人讲话时不打断，等等。而且他们对所讨论的话题很感兴趣，因为这些话题是关于个人的，或者是有主题的。晨会还提供了分享时事新闻和知识的机会。

我们将晨会作为学校课表中不可缺少的一环，是因为晨会有助于巩固“社区”。每个人都可以参加晨会，也都可以发言。开始的10分钟是孩子的自由分享时间，任何关于他们的快乐和悲伤的故事都可以拿来分享。会议一开始有点像很多学校开展的那种很受重视和欢迎的“展示与讲述”活动。年龄小的孩子喜欢分享自己的生日、父母的生日，要去谁家玩耍或者过夜，看了一场好电影，掉了一颗牙，或者曾到城郊或者别的州或国家去旅行，等等。有的孩子可能会讲哪些事情令他们吃惊或者喜欢，或者有哪些令人鼓舞或感到恐怖的经历。

为了保持情绪健康，孩子们必须有机会分享他们头脑中最重要的经验及想法。FCS 的一个独特之处就是，我们在整个小学阶段，几乎每天都坚持开晨会；另外一个独特之处是，晨会上所有年龄段的孩子都在场。不管什么年龄，当有人发言时，其他人都充满尊重地倾听。我们相信这种抱有尊重作风的倾听技能的示范是非常重要的。每个在场的人都会为他人的成功而表示祝贺，不管他们是完成了一本练习册，还是赢得了网球比赛，或者克服了某种恐惧。晨会上还会宣布当天或者当周的一些活动安排。

在简短的一般性分享之后，一般会有一位比较资深的教师来主持更深入的讨论，主题可能是关于这个世界，或者是近期新闻报道中有趣的事情。我们最喜欢的晨会活动是朗读经典的短故事，然后让大家就这个故事展开讨论。不久之前，我们读了拉封丹的《诚实的樵夫》，其中有孩子们永远最爱的马达斯国王和点石成金的故事。

孩子们对一段文字的反应所表现出的洞察力，不断地让我们感到吃惊并受到鼓舞。我们说的不仅仅是年龄大一些的孩子，即使是那些年龄很小的孩子，也会表现出理解、同情、敏感和对微妙之处的感悟。FCS 一直坚持并努力保持和发展的，就是孩子这些内在的素质。

所有年龄段的孩子都懂得带着尊重的作风倾听他人的发言。他们看到发言者得到尊重，自己的信心也被激发出来。负面、批评性和充满嘲讽的态度及行为在会议中是没有地位的。因为这是一个安全的场所，所有在场的人都受到鼓励并主动表达自己的思想情感。在这里，孩子发现自己可以在大庭广众之下讲话。毫无疑问，能够清楚细致地表达自我的能力，不管在人际交往还是商业生涯中，都是让人领先一步、占据优势的法宝。

在 FCS，英语口语是很重要的一门课。我们认为有效的沟通是一项必不可少的技能，因此我们在培养孩子的口语交际能力方面不遗余力。学会清楚、自信、有条理地讲话，学会恭敬地倾听别人，并且能够适时回应以推动对话的进行，这些都属于基本技能，最好是在小学阶段即孩子可塑性最强的那个时期培养。

当你为所有孩子提供一个安全的环境时，有些孩子相对来说会更善于分享自己的情感、想法和体会，这一点对我们很有启发性。有的孩子对当众讲话感到焦虑和恐惧，这是比较难以克服的，而且孩子年龄越大，越是难以改变这种不敢说话的习惯。有时候，孩子可能有能力准备一篇很好的讲稿来呈现其观点，但如果临时让他发言，他就会感到焦虑，吞吞吐吐。我们到现在也没有找到解决这个问题的窍门，在这方面真的需要有经验的教师来提供指导。

为了帮助害羞和不擅长表达的孩子，我们设计了一个活动，叫作传递盒子。A 将一个小盒子拿在手里，说出自己的名字，告诉大家自己想要做的事情，然后再说一件想做但是还没有做的事情，然后将盒子传递给 B。B 接到盒子后必须说出自己的名字，然后说出 A 的名字、A 喜欢做的事情以及 A 希望做的事情，然后再说一件自己喜欢做的事情以及希望做但还没有做的事情。B 说完以后，再传给下一个孩子 C。在这个活动中，每个孩子的任务就是记住前面一个孩子的喜好以及所表达的愿望，然后再加上自己的喜好和愿望。活动会一直持续到所有的孩子都说一遍为止。这个活动的好处是，尽管也有某种定式，但同时也让孩子们有机会发挥自己的创造力。

另一个帮助孩子练习当众讲话的活动就是让孩子互相介绍。例如，每个人要介绍对方的姓名、年龄和班级，同时也必须向大家介绍他在对方身上观察到的两三个特点。

还有一个帮助孩子建立信心的活动，是给予每个孩子机会，让他们说出上一周身边所发生的令他们感到惊讶的事情。这个活动实际上有两个目的，除了锻炼孩子当众讲话的信心之外，还鼓励孩子对周围的世界进行思考。我们对每天的生活习以为常，觉得一切理所当然，但是，生活处处充满了惊喜和不寻常，例如：日升日落，季节轮回；婴儿在很短的时间内就学会爬行、站立并学会行走，在两到三年内掌握母语；我们有着非凡的消化系统和血液循环系统，从出生开始，心脏就源源不断地供给我们生命所需要的血液。在 FCS，我们希望学生摘掉有色眼镜，全身心来拥抱这个世界；我们希望他们学会付出真心，珍惜生活所赐予我们的所有礼物。

在这个活动中，我们会让所有的孩子将名字放在一个锡盒里，我们从中抽出 8 个名字。第二个星期，被抽中的 8 个孩子将在晨会上分享他们的经验。最近的分享内容非常丰富。例如：一个孩子说，他没想到小如蜜蜂和蚊子这样的东西居然能给人带来如此大的痛苦；有的孩子说，让他感到吃惊的是，不同国家的人看上去是如此不同，尤其是他们的皮肤；也有的孩子说，他吃惊地发现，当玩得开心的时候，时间飞快地过去了，而如果不开心的话，时间仿佛过得很慢，但实际上时间一直都那样。

这项活动具有互动性，当一个孩子说完，其他孩子还可以再补充几句。有个孩子说，大脑是最好的计算机，这时 6 岁的爱德华却说：“但是大脑里没有谷歌。”这就又引发了孩子们关于谷歌程序编码的很有意思的讨论。

因为前提是每个孩子都要轮流发言，所以我们神奇地发现，当轮到一些特别害羞的孩子的时候，他们真的会发言，尽管他们还没有足够的自信。

让害羞的孩子当众说话没有什么快速的方法，不同的孩子对不同活动的反应也不同。然而，我们还是在努力，尝试找出最适合的活动，目的是要帮助孩子建立交流的自信。当孩子最终克服讲话的焦虑并主动分享的时候，也是令人感动的时刻。晨会对每个人来说都是一段宝贵而特别的时光。

11 数学课
The maths class

在一个 10 ～ 12 人的班级里，有些学生已经掌握了一些数学技巧，但每个孩子学习新的数学技能的速度是不同的。社会上有很多高年级的学生和成人都已放弃了数学，他们觉得自己不是“那块料”。我们自己的体会是，实际上每个人每天都在无意识地以闪电般的速度进行复杂的逻辑运算——而且几乎总是毫无差错。

数学简单来说就是一种有意识的逻辑应用，只不过是使用书面的符号和程序。当然，许多数学技巧是建立在早期技能之上的，因此如果不按正确的顺序和恰当的速度教孩子，他们建立的数学大厦将会崩塌。当我们听到人们很肯定地说自己“数学不行”的时候，我们总是很怀疑。就像人们说“哦，我不会跳舞”一样，一边用绝望的语气说话一边摇头，这都是出于同样的原因:尴尬，觉得自己愚蠢。如果数学教学的速度和顺序与学生水平不相匹配，他们就会坚定地认为自己在数学方面毫无指望，因而自动放弃。

在 FCS，我们对新入学的孩子的数学水平的期望值为零。我们会对他们就几件事情做个测试，然后选择一个安全的水平作为他们的起点，然后，每个孩子都会得到自己的练习簿，难度会稍微超出他们现有的技能。也就是说，每个孩子都有自己的个性化数学课程。作为菲茨洛伊的数学老师，我们用适合那个孩子的语言解释任何新的知识点，然后让他们自己去做练习，如果遇到瓶颈就回来问，或者把完成的作业拿回来让老师检查。总之，他们都按照自己的水平，以自己的速度学习。这就是我们的菲茨洛伊式数学教学法。

有些家长担心他们的孩子以这种速度无法完成小学的课程。但是我们说，用这种方式，孩子比用其他方式走得更远。我们自信地承诺，孩子在我们学校上学期间绝对不会放弃数学学习。我们说对了：没有任何一个孩子放弃过数学。而且随着时间的推移，我们发现，我们的学生在进入中学后，数学成绩遥遥领先，这已经司空见惯。甚至那些数学学习速度像“蜗牛”一般的孩子，进入中学也属于数学基础扎实的学生。

我们成功地破解了数学教学的秘密。而这是如此简单，根本不会出现学生因为跟不上而放弃数学学习的情况。

我们仿佛听到一些老师说：“这样是不错，但是这意味着有好多工作要做啊，因为你要对每个孩子解释每一件事。”好吧，其实并不像听起来那么糟糕。首先请记住，教师没有必要备课。但是，你确实需要一套有顺序的数学作业任务表，它要覆盖整个小学的数学课程。我们当时是从随手拿到的教科书开始，渐渐地编制了一套属于自己的数学练习册。我们想减少数学题目中的英语说明，因为很多孩子已经做好学习数学的准备，但问题是英语水平不够，看不懂数学题目。我们不能让孩子因此而觉得自己不是学数学的料。对许多孩子来说，他们的语言发展会晚一点。总的来说，在我们的社会，特别是在学校教育领域，缺乏优秀的数学家。错误的教学方法，把那些有潜力的数学家给埋没了。

从已出版的数学教材转向使用我们自己编制的数学练习册的另一个原因是，我们希望孩子在牢牢掌握一个数学主题后再去学习另一个主题。

假如孩子们遇到不会的问题去问老师的话，前来寻求帮助的孩子队伍有多长？没有你想象的长，通常只有一两个人。在数学教学过程中有个效率效应，这是我们一开始没有想到的。当老师坐下来，对一个孩子讲解如何进行数字排列，或者一个新符号的意义的时候，其他孩子都会倾听，并能够吸收。在这个过程中，知识自然地得到预习、复习和巩固。而那些已经学会这些知识的孩子完全可以不去听，继续做自己的事情。一些孩子在整个小学阶段的数学学习上一路冲锋向前，几乎不用一对一的帮助。所有的孩子都学会了按自己的进度学习，即使周围有其他活动——这个习惯将令他们受益终身，不管是在哪个教育层次。

有时候，一群孩子中会有那么一到两个孩子学得特别慢，这时最能体现助教的作用。这些年来，我们接待了不少见习教师，他们每人会在学校投入数周或者数月的时间积累教学实践经验。我们会收到大量见习教师的申请。我们欢迎这类见习教师，因为孩子喜欢与他们互动并研究他们。可悲的是，见习教师的数学水平一贯是相当低的，我们大班的孩子经常能教他们一些数学知识。但是见习教师在数学课上对更小的孩子帮助很大，例如：数学老师可以将学得比较慢的孩子委托给这些见习教师，由他们为孩子提供更多帮助。

12 体育课、爬树课、游泳课

The PE, tree-climbing and swimming classes

学校的对面是大大的爱丁堡花园，这是上天赐予我们的宝物。我们的校际体育活动，以及我们自己每日的体育课，都是在这个美丽的大公园开展的。公园里巨大的澳式足球场，直到 1996 年都是菲茨洛伊澳式足球俱乐部的主场地。不过现在这里已成为开放给大众使用的公园。

我们参与过好几场校际体育比赛。比赛有时候是在王子公园或附近的其他球场，又或者在皇家公园的维多利亚网球场举行。学生家长总是慷慨地贡献出自己的汽车当我们的交通工具，而我们则无比欢欣地看到，我们的孩子不管在团队精神还是个人的体力和心理承受力方面，都通过一次又一次比赛得到了成长。

从四年级开始，每个孩子都会参与校际体育赛事。因为我们是个小学校，而且我们希望参与很多的校际比赛，因此我们需要经常让低年级的孩子加入比赛。这带来了三个好处：一是每个孩子都有机会发展出优秀的体育技能；二是孩子们学会了享受比赛的过程（因为团队成员年龄小，所以比赛获胜的机会少）；三是一到六年级孩子的体育技能和作风都已经发展得非常好。我们的另外一个好运气，就是学校附近就是美丽的菲茨洛伊游泳池，步行可到。每周三是所有孩子的游泳课，从年头到年尾，几十年如一日。菲茨洛伊游泳池是户外泳池，我们在每年的第二和第三个学期是用不了的，天气太冷。这个时候，又是家长慷慨帮助我们克服难题，他们用自己的车，将孩子们载到布伦斯维克或者科林伍德的室内泳池去游泳。这些室内泳池比较小，因此我们必须安排孩子轮流去，有些孩子去游泳的时候，其他孩子就留在学校做其他有趣的事情。

每周的游泳课是针对所有年龄段的孩子的。我们的游泳教练是奥斯卡·卡尔逊，他曾经是铁人三项赛运动员，还曾经获得过冠军，并建立了澳大利亚三项赛学校。14 年前，一名学生的父亲蒂姆将奥斯卡介绍给了我们。蒂姆当时有 3 个孩子在 FCS 上学，他非常希望奥斯卡能够给学生们当教练，他甚至自己付钱让奥斯卡教了孩子们一个学期，从那以后奥斯卡就没有离开过我们。奥斯卡·卡尔逊说：

教 FCS 的孩子们学习游泳非常有乐趣，最让人高兴的是孩子们不会对此感到厌烦。正因为如此，孩子们都习得了非常好的水性和游泳技能，终身受益。多年坚持下来，FCS 的游泳项目成果是显著、丰硕的。

每周三跟一个尽心尽力追求卓越的大家庭一起工作，对我来说绝对是一种巨大的快乐。我们的游泳项目是出色的，我敢说这是澳大利亚最好的游泳项目，就是让澳大利亚国家队来评价我们，也不会差到哪里去。

在澳大利亚，游泳是一项必备的生活技能。在 FCS，我们对两件事情尤其感到自豪：第一，游泳活动是针对所有学生的，而且每周都有，贯穿 7 年整个小学生涯，这意味着父母没有必要操心这件事情，也不需要利用课余时间额外花钱去学习游泳；第二，奥斯卡和他的教练团队非常出色。

在最近的这些年里，针对在周三不上游泳课的孩子，我们逐渐开发出一项叫作自由式武术的活动。这个名字很吸引人，因为听上去有点自相矛盾。这项活动不仅仅包含武术，还经常会有大量的解决问题的活动。史蒂文·桑西老师说，自由式武术“通过实践、肢体、心理和创造性智能来探索我们的自然本性”。“自由式”强调的是，只有各种智能平衡的时候，我们才会有效发展。通过持续的练习，我们能够更好地了解自己的身体和心灵，这使得我们有信心面对生活。“自由式”还有助于培养尊重、荣誉、承诺以及良好的礼仪。孩子们很热爱这项活动。

体育在我们的课程中举足轻重，竞技型体育为孩子们提供了学习重要人生经验的宝贵机会。通过体育，孩子们获得了体能上的自信，增强了抗逆力，提升了效率，学会不论胜负，优雅处之；同时，他们也学会了团队合作和体育精神，学会了互相鼓励，在队友表现不佳的时候保持积极友好的作风；他们还知道了保持士气能够带来好的结果，好的体育精神会带来一种满足感，而糟糕的体育精神则让人厌恶；最后，他们还学会了尊重裁判的决定，懂得不管你同意还是不同意，都需要以优雅的作风来接受它。

体育精神在生活的各个方面都是必不可少的，包括在人际关系中。在我们的一生中，我们需要控制自己对周围人的反应，处理我们自己的情感，公平对待他人。体育可以对完整儿童的发展提供有力的支持，体育精神意味着当我们面对生活中的坎坷和损失时，能够振作精神，有最佳的表现。

鲁德亚德·吉卜林那首著名的诗《如果》（*If*）中那句“俯下腰身，用破旧的工具重新树立我们人格的力量”，是多么美妙啊。我们当然希望自己一生都不会遭受严酷的考验，但是，当那些情况出现的时候我们要有重新站起来的勇气和力量。

我犹记得有两次截然不同的体育活动。其中一次活动是校际运动会，我们学校与一些公立学校进行比赛。比赛开始了，随着一轮又一轮比赛的进行，人们也变得愈加兴奋。然后，让所有人失望的是，某位权威人士宣布，由于风力加大（在我们看来程度很轻微），比赛将不得不中止。我们于是拖着疲惫的身体回了家。这给所有的孩子传递了关于生活的怎样的信号？这无疑是在告诉孩子，如果某位权威人士宣布条件不完美，我们就不能再继续下去。

两周后，在一所独立学校有一场学生足球赛。开始下雨时，我们担心比赛会被取消，但是，并没有。雨越下越大，所有人都被淋湿了，包括学生、老师和家长，但是根本没人提下雨这件事，比赛继续进行直到结束。一个多么不同的关于生活的信号！当我们雄赳赳气昂昂地走回家的时候，我们开始思考：前一种情况下，孩子学到的可能是，在稍有些不舒服的时候就会诉诸权威寻求保护；而在后一种情况下，孩子则学会无论如何都要把事情完成。

有时候一些前来询问的父母会问：“你们还有竞技性体

育？”如果我们感到这是个话里有话的问题，我们会厚着脸皮转移话题：“你指的是合作性体育？”如果不能和队员友好合作，没有哪一个团队能走得更远。我们相信竞技性体育可以积极促进一个人的社会意识和社会能力的发展。

在体育活动中，当孩子担心自己不如别人的时候，他们的恐惧常常是以谎称生病或者受伤等形式表现出来，可能是在赛事前一天或当天，甚至是在为赛事做准备的练习中。一旦我们发现在体育活动中表现出的这种焦虑和恐惧，我们往往也就可以解释孩子在学校生活的其他方面的行为表现。那些担心自己不如别人的孩子，为了不让别人注意到自己的弱点，在课堂上会特别善于指出别人的错误，对自己的错误则挖空心思找理由开脱。

你可能会问：参与体育活动真的那么重要吗？对于某些活动，当然有时候有不参与的正当理由。不过当一个孩子因为自我怀疑而感到害怕，而以假装生病和受伤来应对自己的无力感，进而不参与活动，这是值得我们担心的问题。父母和学校的责任就是帮助孩子管理和克服这样的恐惧。首要的目标是鼓励孩子从活动中找到乐趣，从作为一个队员中获得快乐，愿意尝试新东西，而这些都跟高超的体育技巧没有关系。

13 阅读战争——菲茨洛伊读本

The reading war – the Fitzroy Readers

关于 FCS 如何进行读写教学，这是一个纯粹的探索过程。

在英语中，仅仅使用 26 个符号（字母）及其组合就能代表每一个单词的读音，这是一个巨大的优势。代表语音的字母总是从左到右排列，学生通过简单地将单词读出来就能认识它。C! A! T! 读 cat——此处 C! 代表字母 C 的发音。很自然，你一开始可以读一些简单的单词，每一个字母发出自己的基础音，如 on、hat、dog、lid、jump、picnic、sprint 等。这个自然拼读的方法看起来如此明了，但我们在书店里找不到按语音排序的阅读书籍，如以“Jim can run”这种简单句开头的书，但是我们迫切地需要这类书籍，于是，我们只能自己编写教材。我们编写的读本 1 是《一只肥胖的猫》（*A Fat Cat*），读本 2 是《一头大猪》（*A Big Pig*），读本 3 是《地毯上的虫子》（*Bug on a Rug*），等等，一共有 80 册。读完这些书，你就基本可以阅读《哈利·波特》了。

我们编写的这些读本不是普通的故事书，因为故事书是供我们在业余时间读给孩子们听的，经常会有小孩子还不会读的单词。读本则仔细地限制了单词量，以便让孩子能够自己阅读。这就是为什么它们被称为读本。能够自己读一本书，可以极大地提高一个孩子对阅读能力的信心。

当然，在早期的阅读中，有几十个很常见的单词，大都很简单，但并不遵循自然拼读的规则，例如 *a*、*the*、*to*、*of*、*was*……与其发明一些新规则来概括这类不合常规的单词，我们不妨就简单地称之为特殊单词（有时候也称常用词）。我们在每一册读本中介绍一两个这样的常用词：这些是你不能拼读出来的单词。不要试图将这些单词拼读出来，而只需要记住它们的拼写，例如，w、h、o 组合在一起就是 who。

英语中，读音的数量比字母多。那么如何在文字中表示多出来的读音呢？那就需要使用合成符：两个或者更多字母的组合，会发出一个新的读音。比如，ch 在 chip 中发的是第一个音。有时一个单词是由各自保留其原始读音的几个字母组成，并不包括合成符，比如，在单词 split 中，就没有合成符，属于混合体单词。一个混合体单词中的每个字母都有单独的发音，但是如果你教会孩子一个合成符，比如 ch，他们会突然能够读写一系列新词。

每当孩子们发现一个新的合成符——ay、ar、sh、er、

or、ew、all、tion——不管在学校里还是校外，他们都能够自己读出一系列新单词。我们不断给予他们具体的一步一步取得成功的机会。我们在每一册菲茨洛伊读本中都会增加新的合成符。等到他们完成 80 册读本的阅读后，他们就能阅读当地的报纸了。

关于英语读写教学，有段时间澳大利亚政府所规定的方法叫作整体语言教学法，即将每一个单词都视作特殊单词处理。整体语言教学法要求学生记住每一个单词的独特的字母顺序或形状，而不分析每个字母。没有规则、没有规律、不能猜词，就是需要记住每个单词。5 ～ 7 岁的孩子记忆力惊人，能够很轻松地记住任何信息，比如单词的拼写方式，但是几年之后，他们年轻的大脑就会被各种杂乱无章的信息塞满。很多用整体语言方法教育出来的孩子，虽然很聪明，但是失去了对阅读的信心。很多孩子要花费很多年才能学会自己阅读一本书。由于缺乏逻辑的解码和阶梯式的成功，整体语言方法让许多孩子丧失信心。

FCS 的孩子通过自然拼读法成为流利的阅读者和写作者。我们的学校虽小，但在诗歌比赛中常常获胜；学生们顺利通过中学的入学考试；在视频作品比赛中获奖，并且在读写比赛中表现出色。不少教师开始问我们：你们的方法是什么？当时，我们没有意识到这是一种与众不同的方法。

很快，“天机”泄露了，人们意识到我们使用的是自然拼读的方法。我们于是开始收到澳大利亚各地的辅导老师向我们索取阅读材料复印件的请求。我们找到一位专业的设计师，把读本变成了彩色，对文字进行了排版，并且向澳大利亚的所有学校邮寄了传单。菲茨洛伊读本就这样被推向了社会。

我们很开心能够为全澳的教师和孩子服务。来自教师、父母和祖父母的感激之言令我们兴奋不已：他们的感谢中最常提到的是，孩子对于阅读的信心得以恢复，阅读有了快速的进步。

早期读本中的故事是我们用非常有限的词汇量精心编写的。菲作为主要创作人，创作了这些故事中的大多数，其中呈现了菲的风格和希望传达的信息。而菲利普是系统设计师，作为逻辑学家，菲利普仔细检查这些故事，对它们进行排序，将故事进行必要的压缩或者扩展，去掉不在系统中的单词，插入更多能够展示故事含有的新合成符的单词。孩子在学完最初的 20 册读本之后，就已经拥有足够的词汇量写作有情节的故事。

开始下一册读本的时候，学生不会觉得惊讶。对每一册新的读本，通过查阅封底上新的合成符和新的特殊单词，你就能够阅读它。每一本新的读本都带给无数孩子（以及他们的家长）惊喜，让他们感觉自己在持续地进步。

读本及辅助练习册已多次重印。每一次，我们都会进行一些改进。菲作为我们学校的英语教学主任和菲茨洛伊教学方法的发明者、先锋教师，会不断提出建议，例如：哪一种改变导致读本太简单或者太难了，等等。截至 2017 年，已经有超过 3000 个澳大利亚的学校以及四个海外的经销商购买过我们的读写教学材料。

在最初几年来 FCS 学习的学生，实际上是菲茨洛伊方法的试验对象。我们当时为他们制作的作业纸，后来就演化成了现在的练习册。在这些年中，根据学生和教师的反馈，我们对课程材料做了大量的改进。我们的学生都是文字校对的高手，每发现一个错字我们就奖励他们五毛钱。这项活动也让他们懂得了，即使是正式印刷的材料也可能出现单词拼写的错误。

令我们感到骄傲和开心的是，FCS 的学生很热爱英语语言和文学，他们有着娴熟的语言能力。我们非常感谢早年的那些学生，是他们的支持让我们有了坚持下去的信心。

14 住在蛮荒之地也和住五星级酒店一样享受

Enjoy the outback as they were five-start hotels

从一开始，营地就是 FCS 生活中关键的一环。在本书中，如果你做词语搜索，会发现一个反复出现的词是“活力”。活力指的是学生的情感力量以及在适应和面对新经历时表现出的灵活性。这是一种积极的作风。活力意味着对自我的信念，相信自己能够找到问题的最佳解决之道，积极地应对挑战，能够随时做出心理和现实的调整以取得最佳的结果。

局限于城市环境的生活方式经常会剥夺孩子学习自我管理、建立自信、树立责任心和保持灵活性的机会。家长通常需要卡点上班，或者忙于各种推不掉的应酬活动，为了提高效率，他们很容易包办一些原本可以由孩子自己完成的杂事，如穿衣，找一本音乐书，帮助弟弟妹妹，照顾宠物或是清洗衣服、碗盘等工作。

是不是存在过度担心的问题？对自己负责，学会觉察周围发生的事情，知道怎么保护自己，怎么解决问题，很多家长已经不再期待孩子能够做到这些了。太多的家长事必躬亲，恨不得连喘气都要替孩子去做。我们毫不怀疑家长希望他们的孩子学会宽容大度、懂得理解别人，能够自给自足，有责任心、可依赖、会解决问题、有勇气。但问题是，在现代生活方式里孩子怎么才能够做到这些？是不是我们抚养孩子的方式在暗中破坏着我们对孩子的期待？FCS 风格的营地活动就是为了帮助我们解决这个问题。

第一次营地活动时，我们允许小孩子邀请一位家长陪同，因为我们想让活动有个顺利的开始，不想让孩子因为分离焦虑而在营地活动中产生紧张、消极的情绪体验。我们希望那些陪同的家长，能够用他们乐观的态度让孩子们感受到：营地活动是一件好事，接近于“原始大自然”的条件是很有趣的，老师们也是孩子可信赖的朋友。如果一切皆如我们所愿的发生，那么日后的营地活动都将会顺利。

第一次营地活动，家长是自愿参加。也有一些孩子不愿意让父母参与，他们有足够的信心跟着老师。我们相信他们是想向自己和世界证明：他们完全有能力跟父母信任的人一起在野外过夜。我们从自己孩子身上也看到了这一点。

家长必须区分自己的关心和焦虑，这一点很重要。当孩子感觉到父母在为他们焦虑时，他们自己也会焦虑。孩子对于父母对他们的焦虑有着令人吃惊的直觉。家长有责任接受挑战，为了孩子而克服自己的焦虑。这一点确实知易行难。为人父母本身就不容易。但是请记住A.S.尼尔的话：“父母过度的担忧……是今后孩子心灵不健康的征兆。”

下面的这段话，是一位母亲在2001年学校成立25周年纪念册《先人后事》中写下的。

营地对我们意味着什么？

即使我已经送几个孩子先后参加了八九年的营地活动，我还是做不到淡定。我担心他们的安全将不在我的掌控之下。我担心自己不能够保护他们，怕他们着凉或者受伤。我的大脑还会想象出比这还要糟糕的各种令人担心的情形。

每次当我送走他们的时候，我其实知道他们会回来的。他们不介意寒冷的天气，不怕把自己全身弄湿或搞脏，在没有父母在场的情况下，他们很享受这样欢乐和自由的时光。他们回来的时候不会看上去一团糟或者病歪歪，而是脸上总带着玫瑰似的红晕，眼里闪着光芒，而这些是我们的“保护”不能给予他们的。他们感受到自由和好奇，他们可以自由地探索这个世界，他们不会因为我们的在场而感到受限制。

由于我们个人的局限性，或者由于我们亲子关系的局限性，我们不能为自己的孩子们提供如此自由的体验。而FCS为孩子提供了这样宝贵的体验。

在一周营地活动结束回来后，孩子的步履里注入了弹性，脸上写着快乐，当这些消失的时候我们多少会有些伤感。我们非常感激他们能够有这样的机会自由探索，感激有这些冒险体验充实他们的灵魂。

之后的营地活动，家长就不能再去了。我们相信，让孩子建立对于自己的信心以及对于周围世界的信心，这对他们的情感健康来说非常重要。他们愿意并且能够探索家庭以外的世界，那里有其他值得信赖的成年人。这其中包含着为人父母的责任和挑战。家长的角色是充满爱意和信心地对孩子放手，鼓励孩子探索。有时候，可以借用一些带有里程碑意义的语言鼓励孩子，例如：家长可以说：“你现在5岁了，可以去参加营地活动了。”

家长的另一项责任就是提醒老师有哪些关于孩子的特别需要注意的事项，以便老师留心照顾。有些孩子有尿床的问题，在这种情况下，家长必须让孩子知道，这件事情需要处理但不需要为此感到难为情。要做到这一点，家长自己必须要真的这么认为！再次重复 A.S. 尼尔的话："父母过度的担忧……是今后孩子心灵不健康的征兆。"

我们有多处开展营地活动的场所。在学校刚成立的头两三年，因为学校很小，所以全体师生会同时参加营地活动。墨尔本以北 70 公里处的鹦鹉王溪是我们最喜欢的营地场所，通常我们会在那里搭帐篷宿营。之后，一些慷慨的家长，如玛利亚和艾伦，麦琪和伊恩，以及我们的朋友菲奥娜和诺尔，提供了位于邓凯尔德、阿波罗湾、里昂加萨等地的很受欢迎的农场作为营地。

1980 年末，在墨尔本以北 50 公里的修姆维尔，我们购买了一块 21 公顷的当时无人问津的土地。这块土地后来有了一个充满爱意的名字——"大地"。直到 2009 年，学校大部分营地活动都在那里举行。在容易起火的夏季，我们从来不安排营地活动。感谢安杰拉和托尼这两位家长，在天气炎热的时候，允许我们使用他们的农场。

但糟糕的事情还是发生了。2009 年 2 月，那场山林大火，将我们在过去近 30 年间在"大地"农场所筹建的东西一烧而光。后来，苏西和亚当两位家长提供他们的农场让我们开展营地活动，这令我们非常感激。

山林大火之后，我们收到了艾丽莎写于 2009 年 2 月 16 日的信。艾丽莎当时刚刚从 FCS 毕业两个月。她在信中说：

关于 FCS 的许多记忆将会伴随我们的中学生活，但是我们永远都不会忘记的是“大地”。营地活动最精彩的部分就是在篝火旁唱歌，玩“Spot · 0”的游戏，徒步旅行，沿着溪边行走，还有纯粹的放松。

大火一直是我们的奴隶，我们生火做饭，用火取暖，在黑暗中用火照明。但是，那一天大火获得了自由，“大地”被熊熊烈火包裹。

但是大火不会烧毁近 30 年中留在许多人头脑中的宝贵记忆。我永远不会忘记“大地”，很多人都不会忘记。大火是不会被彻底制服的，因为这是生命的轮回，而我们要把这当作一个新的开始。

自 2014 年起，“大地”进行了宿舍重建。那时，校长蒂姆 · 贝里曼和他的朋友蒂姆 · 理查德，慷慨地允许我们使用距离维多利亚巴拉瑞特半个小时车程的一个林场。那场大火过后，许多家庭慷慨相助，让我们使用他们的场地来开展营地活动。学校家长筹集了足够的资金，重建了好几个营地小屋。毫无疑问，FCS 得益于家长的慷慨相助，才能够保持丰富的生活和活力。

那么，在这些非结构化的营地活动中，孩子们到底做些什么呢？首先，他们需要了解环境，然后根据场所的条件，就地取材进行发明和创造。不管在什么地方都能够让自己感觉舒适，这是一项可贵的生活技能。让这些习惯了城市生活的孩子在灌木丛中也感到宾至如归，这是很重要的。

他们需要知道，即使没有那些代表城市生活的微波炉、洗衣机、洗碗机、浴缸、热水、电脑、电脑游戏以及电视，他们依然可以玩得开心。他们加深了跟同伴的友谊，学到了与人相处的新方法，与那些平常在学校里不怎么一起玩的孩子交了朋友。他们知道了离开家没有了平常的支持者，自己照样能够安然无恙。他们学会了抓泥巴，把自己搞得脏兮兮的而一点也不在乎。他们知道了自己可以找到事情做，也学会了去信任除了父母之外的大人。他们学会了点篝火，用篝火做饭，以及洗刷餐具，他们也体验到了围坐篝火旁讲故事和唱歌跳舞的快乐。最后，他们带着一种崭新的信心和适应能力回到家中。

5、6 年级的第一次营地活动安排在新学年的第二周，通常这是我们唯一一次在商业性质的度假村开展营地活动。这个营地活动的目的是为 5、6 年级的孩子提供一个相互连接的机会，因为他们在接下去的一年里将会成为学校里的领导者。其他营地活动都是在更加简陋的环境中举办，目的是让孩子学会灵活地应对环境并且欣赏自然之美。特别想分享 2014 年圣诞节我们 36 岁的儿子肖恩写给我们的话："谢谢你培养了我们对于荒蛮空间的热爱。"

FCS 风格的营地活动所带给我们的财富，在我们的大儿子蒂姆的订婚典礼上再一次真实地展现。蒂姆的中式订婚典礼是在中国西南部的虎跳峡举行的。有一些 FCS 往届的毕业生也赶去参加典礼。蒂姆很喜欢那个富有田园风趣的地方，他在几年之前发现了那个地方，独自去过好几次，也曾带 FCS 的毕业生去过那里。在一次去中国的旅行中，他遇到了来自法国的可爱的克洛蒂尔德，两人相爱了。当时克洛蒂尔德在昆明的一家法国公司工作，她有着和蒂姆一样的冒险精神，对于在法国和澳大利亚两国之外的这样一个地方举行订婚仪式，她非常开心。

虎跳峡的美自不待言。我们需要走 5 公里才能到达目的地，因此有足够的时间来欣赏一路的美景。东道主非常热情周到，具有地方特色的食物丰盛美味。但是不得不说，当地纳西族的旅社以西方住宿标准来说是比较原始的。在那个周末的一开始，我们的部分客人就有些不舒服。唯一一间条件较好的卧室留给了我们，因为我俩是最年长的。后来，在蒂姆的要求下，我们很开心地将这间卧室让给了另一对夫妇，因为他们无法接受如此简陋的住宿条件。

然而，前去参加典礼的 FCS 的毕业生都没有任何问题。他们为那场庆典定下了欢乐的调子。对他们来说，这跟住在五星级酒店没有什么不同。即使面对没有任何分隔的户外厕所及只有一条水管的户外淋浴，他们也没有表现出任何的嫌恶和不适。那个周末，我们为自己的学生感到格外的自豪。他们正如我们所希望和梦想的一样，能够游刃有余地适应任何境况，在这样美丽的自然环境中，全心全意地为蒂姆和克洛蒂尔德送上他们的祝福，这真的令我们无比自豪。

我们对 FCS 的学生满怀热望，我们希望他们去自由地享受整个世界，在任何情况下都能够游刃有余且充满快乐，不管是住在五星级酒店，还是在荒无人烟的原始森林营地。

15 诗歌与文学
Poems and literature

我们喜欢的艺术形式包括故事、诗歌、演讲，还有关于历史和人类生活的掌故和逸闻。令人兴奋的是，我们的教师承担了舞蹈、戏剧、体育、语言、声乐、艺术、电影制作等各类课程。我们会带学生朗读所学习的课文，并展开讨论，孩子们有时会针对这些课文写下自己的感想，也可以自己创作故事或者诗歌。

我们学校连续多年参加多萝西娅·麦凯乐国家诗歌竞赛。每年，来自澳大利亚各地的孩子会上交数千首诗歌，FCS 的孩子也会上交参赛的诗歌作品。2014 年，我们的两位小诗人伊森和奥利弗获得了“高度赞扬奖”。用裁判的话说，这个奖项是给那些“在本年度诗歌竞赛中被注意到的最佳作品”。我们也非常荣幸地得知，FCS 作为学校也获得了“高度赞扬奖”，这个奖项是颁给“表现出努力和成就并提交了高水平作品”的学校。

诗歌在 FCS 有着特殊的地位，仿佛我们的心跳。所有的孩子都要写诗和背诗。

我们是如何做的？要写下来的话恐怕可以占用一整章的篇幅。诗歌在 FCS 有着核心地位，不仅仅是因为我们自身以及尼克作为诗歌老师本身都非常喜欢诗歌，一些家长和其他热爱诗歌或写作诗歌的人，也经常来参加我们的晨会，呈现一首他们精心挑选的诗歌。在孩子的心目中，这些贡献给予了诗歌超越课堂的意义。而且这样的学习不只是针对孩子，父母也会背诵孩子带回家的诗歌。在年度家长诗歌晨会上，家长可以借此机会朗读他们想要分享的诗歌。诗歌在 FCS 的不凡地位，来自我们学校对诗歌的内在价值的认可和坚持。成人是孩子的榜样，孩子会自动吸收那些成人认为有价值的东西。

由于某段文字而引起的课堂讨论，有时会达到哲学思考的高度。我们会特意选择那些已经历经时间检验的古典课文，菲茨洛伊读本中的很多内容也很适合开展这样的讨论。某天，我们一起阅读了《所罗门的智慧》，这是读本的第 50 篇课文。我们让全班学生来想象自己就是所罗门，上帝说可以给予他任何他想要的东西，所罗门选择了智慧和一颗善良的心，以更好地管理他的百姓。9 岁的鲁本回答：“当人们许愿的时候，一般会希望得到权力，而所罗门确实不是自私的人，因为他心里想的是他的百姓”。

文学作品能够让教师引导孩子进入更深的讨论，从而更好地理解故事中真正重要的人和事。“为什么有人会那样做？我们是这样做的吗？”艾丽西亚·阿斯平沃尔的诗歌《请》，就曾引发孩子关于为什么我们要说“请”和“谢谢”的热烈讨论。好几个孩子发言，认为说“请”和“谢谢”是好的，因为如果你礼貌地问别人，你会得到你想要的东西。8 岁的司各特说：“如果你说请，给你东西的人会更加开心，因为他们会觉得你很在意他们的感受，而不是认为他们对你的帮助理所当然。”

文学作品的阅读也曾经引发很有意义的讨论，例如：这个作品中的人物我喜欢还是不喜欢，为什么？我会为人物感到难过吗，为什么？我欣赏这个人物吗？故事中有哪些东西是令我吃惊的？

每次读希腊神话中的弥诺陶洛斯的故事时，我们都会有精彩的讨论。当我问孩子们课文中有哪些东西让他们吃惊的时候，他们的回答总是令人印象深刻。11 岁的爱斯特尔说：“令我吃惊的是，阿里阿德涅能够有那么大的勇气，冒着牺牲自己生命的危险来对抗自己的父亲——残酷的国王米诺斯的无理要求，并帮助忒修斯走出了迷宫。”

人类天生具有求知的好奇心，教师所应该做的是，要么鼓励这种潜在能力的发展，要么压制其发展。教师以身作则，引导孩子去注意作品中所描写的某个细节、用词或者动作描写，通过这样的讨论，孩子们建立起对于字词和世界的敏感性以及反思能力。

我们不可能全部依赖直接经验进行学习，没有人能过一千种不同的生活，但是我们可以通过文学作品丰富自己对人类生活的理解。教师通过向孩子介绍一些作品让孩子了解其他人是如何生活、如何表达感情、如何对事情做出反应，以及作为一个人是如何不断发展的。

最近，我们跟孩子们分享了非洲裔美国人罗莎·帕克斯的作品，罗莎在 1955 年 12 月曾拒绝听从白人司机让她让座给一个白人的命令（因为当时车上已经没有其他空位），因为违反了《黑人隔离法》，罗莎被逮捕了。她的例子给了美国黑人团结起来的勇气和力量，他们共同抵制公共巴士，造成当时巴士公司的瘫痪，这件事最终促成法律修改，从而确保黑人能够像白人一样享有同等的社会地位。我们问孩子们从这个故事中学到了什么，8 岁的所罗门回答："有时候人们需要领袖。"

文学作品有助于提高孩子的写作水平，但其好处远不止这些。文学作品不需借助说教，就能够将敏感、机警、善良、关心、正义等价值观的种子种在孩子的心田，让孩子建立同理心，这是人之所以为人的重要属性。

哈珀·李的小说《杀死一只知更鸟》中说：如果想要理解另外一个人就必须学会推己及人。有时候，同理心的重要性体现在对主人公的行为描写之中。文学作品具有强大的教化力量，其中包含了丰富的人类情感体验，以及这些情感所引发的复杂多样的反应。

我们相信，教师很有必要选择一些伟大作家的作品：跟孩子进行探讨，让孩子站在巨人的肩膀上，丰富其对人类的理解。文学作品能够开阔年轻人的心灵，让他们看到家庭和学校之外的世界，还能带给他们更宽广的体验。通过文学作品，孩子们能够更加有意识地发现美，能够欣赏从水泥地的缝隙中钻出来的小花，或者在一片绿油油的灌木丛中发现一簇怒放的野花。文学作品的学习能够让学生学会表达自己对周围世界的感受，做出自己的判断，表达自己的想法，伟大的作家总是能够激发活跃的思想。在FCS，我们努力帮助父母提高孩子的德行，让他们成为会思考的人。

16 隐性课程
The invisible curriculum

回顾自身的生活经验，以及我们所发现的周围世界里的问题，我们很快就认同了这样一个观点：对任何一位年轻人来说，个人发展中最为关键的是对他人的觉察、人际交流与沟通的技能。这些是我们在个人生活与职业生涯中获得长期满意度的关键，也是我们开办学校时确立的第一个强烈信念。知道要寻找的目标后，我们如释重负，并问了一个看似很简单的问题：哪些学校能够更好地满足孩子们的这些需求？

当我们把可供选择的学校在脑海中快速扫视一遍后发现，学校这个对孩子来说极其重要的地方，却在忽视孩子。

如果将高中毕业生的典型群体与刚刚进入学校的新生典型群体进行比较，你会观察到，经过 13 年的在校学习，他们在个人表达和交流技能方面却大幅退步了。这就是一个隐性课程发生作用的鲜活例子，即隐藏在学校教育背后的那些东西，破坏了孩子们原本的表达和交流的能力——完全忽视并破坏了对孩子来说非常重要的自信。有些清醒的教师们听到了理性的召唤，但是大多数教师很快就以难以解决为由将问题束之高阁。

在20世纪70年代，伊凡·伊里奇在世界各地的巡回演讲中，曾对主流的学校教育发出警告。在他的著作《去学校化的社会》中，伊凡发明了“隐性课程”这个词，它指的是学生从学校生活方式中所汲取的所有的态度（区别于正式课程）。我们同意伊凡关于隐性课程的观点：体现在学校生活方式中的隐性课程，对儿童的成长有着深刻的同化作用。

一个学校是否能够实现个体赋能，取决于它所提供的隐性课程——其中最重要的元素是成年人的榜样效应。如何对待别人？如何做决定？如何解决问题？我们所做的比我们所说的，对孩子们的影响更深远。

我们将“社区”学校中每一位成员当作活生生的人对待，而不仅仅是一个大群体中的小分子。毫无疑问，学校中的每一天，每一周，每一个月以及每一年的生活方式都在影响着孩子的成长。我们多次提到“生活方式”这个词。并不是说，在任何一天或任何一周，我们学校的孩子都比其他学校的孩子更加快乐。

儿童通过我们所提供的学校教育被赋能。FCS在没有资金优势，没有宗教、意识形态或者特别政治支持的情况下获得了成功——的确，在成立之时我们跟当时的体制没有任何特别的关系。那么，是什么让我们一直坚持？首先就是孩子们的反响。我们怎么知道自己做的是对的？因为我们培育的花朵比从前更绚丽。

作为老师，当我们看到孩子们如花般绽放，我们便获得了勇气。许多教师很有才华，并且有积极性，也有能力经营很棒的独立的“社区”学校，但是我们知道真正可选择的优秀教育模式少之又少。

FCS 是 20 世纪 70 年代涌现的一拨非传统学校中硕果仅存的学校。我们破解了与父母亲密合作的密码。我们是幸运的。这么多年来，面对诸多反对的力量，我们是怎样生存的？答案很简单：激励我们继续前行的是人们的反响——来自孩子、家长、教师以及大众的反响。

孩子们对于 FCS 的生活方式的响应鼓舞着我们，并且也促使我们继续前进，孩子也由此而变得更加热情、幸福、勇敢、能干、善良和勤勉。如果他们在学校教育的起步阶段就具备这样的作风，他们在以后的人生中也大致会保持下去。有些孩子开始并不具备这些作风，那么在这里他们将会习得这些。我们并不选择孩子，只选择家长（所谓选择，即与家长确认我们所提供的是他们真正想要的）。

与我们所知道的其他学校相比，我们学校的孩子花在课堂的时间更少。每天他们都有一节或两节课的自由活动时间，每年有好几次露营，周三没有正式的课，而且还有很多外出的机会。除此以外，我们的学生在学业上的成就也超过了所有人的预期。FCS 的大部分家长，对孩子在这里的成长表示深深的满足：孩子们提高了自信，学会了如何与人交往，并且学业成绩优异。

来访问的教师，无论年轻还是年长（这些年我们迎接过上千名来访教师），当他们在我们简单舒适的校舍——菲茨洛伊老旧的连排房屋——流连时，通常都不敢相信自己的眼睛。他们注意到孩子如同成人那样获得尊重和信任，孩子们热切地盼望去上下一节课，家长和其他人都在前前后后地帮忙。他们注意到，我们人数不多的教职工是如何快速做出决定以充分利用临时出现的机会——这也许是一次外出、一次时间表的临时改变、一场访问者的演讲、一次露营或者一所当地学校想要进行的网球或者圆场棒球的比赛。小型的学校其实更灵活，而且与大型学校相比，其课程往往更丰富。

我们的教职工喜欢自己的工作，表现出了极大的主动性，他们多才多艺。凭借理性和人际交流进行最实际的管理，创造出一个生机勃勃的环境，我们就是在这样的环境里茁壮成长。这与主流学校的体制很不一样，来访的主流学校的教师经常向我们抱怨主流学校的僵化体制。

在我们所有的尝试中，包括各个学业科目、个人交流技巧、校际体育比赛（通常是与规模大得多的学校一起）、诗歌比赛、露营生存能力、辩论、外出活动时表现出得体的行为（因此我们一再获得邀请），等等，我们的学生似乎都充满活力。检验一所学校最好的办法就是走进去感受它，看看里面的学生和教职工，感受一下他们的精神状态，是充满活力的还是死气沉沉的，是积极的还是压抑的。

经过几十年的运营，FCS 开始引起广泛关注。以《墨尔本时代报》2012 年 2 月 28 日的文章为例：

非传统方法在全国学生读写算水平测试中完胜

学业成就不是 FCS 的优先考虑事项，甚至连第二位都排不上。实际上，它只排在第三位，比它更重要的是快乐和活力。“相比于其他学校，我们在数学和英语上面花费的时间更少。”校长蒂姆·贝里曼说。因此，当这所非传统的独立小学的五年级学生在 2011 年的全澳学生读写算水平测试中脱颖而出，在拼写、阅读、语法和标点方面的表现胜过维多利亚州所有学校的学生时，这在某种程度上颇具讽刺意味。

在学业成绩方面“夺魁”对我们来说是一个意外的收获。我们创立学校时就已经将关怀和沟通放在课程目标之上。在这本书中，我们希望跟读者分享的诸多发现之一就是，当我们将个人的成长和充满关切的沟通交流放在首位时，我们的教育却产生了优异的学业成绩这个副产物。

17 哲学思考比哲学课重要

Philosophical thinking is more important than philosophy classes

我们的校训——先人后事——中渗透着我们对每一个孩子的关爱。但是为了落实这条校训，我们必须进行哲学思考。我们必须独立地思考，质询惯有的做法，评估每一项政策的效果。我们希望孩子的成长过程能够有哲学美德相伴随。

在 FCS，尽管高年级孩子要学习哲学这门课，但我们认为，相比于浸透着哲学思考的学校日常生活，正式哲学课的重要性反而次之。真正来说，是每日的生活方式在塑造孩子的思考方式。鼓励孩子参与讨论，建立表达自己观点的自信，以及重视倾听他人观点。这样的习惯才是最为宝贵的，这样的生活方式也恰恰是我们学校生活的核心。

一些读者也许听说过 A.S. 尼尔写的《夏山学校》，还有一些读者也许听说过伊凡·伊里奇的《去学校化的社会》，而我们相信几乎所有的读者都听说过著名的儿童作家苏斯博士。说到培养独立思考能力这一点，我们的思绪一下子被拉到了苏斯博士的一本不太为人所知的书，名字叫作《为与众不同学校的一天而欢呼》（*Hooray for Diffendoofer Day*）。这本书在他去世前已基本完成，包括插图。在他死后，这本书由杰克·普利拉斯基和莱恩·史密斯最后完善并出版。这本书反映出苏斯博士对教育有着极大的热情，注重发展个性和创造性思维的能力。从该书的语气可以看出，他对传统的学校教育持保留意见，而他也曾经有过自己开办学校的想法。

《为与众不同学校的一天欢呼》是对于“什么是优质教育”的探索，在搞笑的同时不失独到见地。“与众不同学校”的课程看上去是杂乱古怪的，那里有一位很棒的教师，名字叫帮克斯小姐。

我们的老师是帮克斯小姐
她就像跳蚤一样充满活力
我们不知道她到底在教什么
但是我们很高兴她是我们的老师
…… ……
她甚至教青蛙跳舞
教小猪穿上内裤

有一天她教一只鸭子唱歌

帮克斯小姐什么都教

在这个故事里，当政府要求所有的学校都要进行考试的时候，“与众不同学校”的校长罗威先生成了“小镇上最最伤心的人”。他极其担心孩子们在考试中的表现，因为学校的课程是如此不同。然而，“与众不同学校”却考了第一，这仅仅是因为学生们有宝贵的独立思考能力，他们因此能够对试卷上的选择题进行细致的思考，并做出正确的选择。

我们特别推荐这本书。它让我们想起了有一年，FCS的学生参加了州政府组织的被称作LAP的科学测试（LAP是州政府组织的测试，是NAPLAN的前身，即澳大利亚所有3、5、7、9年级的孩子需要参加的考试）。FCS的孩子没有学习过LAP测试所要求的科学课程。正如你所能想象的那样，我们根本不知道测试结果会怎样。所以，当得知孩子们取得了优异的成绩时，你可以想象我们有多么惊讶。我们所能给出的唯一解释就是，他们能够流利地阅读试题，准确地理解每个选项，从而能够在思考的基础上进行分析并做出正确的选择。

20世纪70年代，教育界经常使用“丰富的教育环境”这个词。我们对这个词的理解与其他许多教育者有所不同。

“丰富的环境”经常被理解为建筑、操场、设备、财产和技术等。我们所理解的“环境”不是物质、空间，而是一种生活方式或文化，这种生活方式或文化能够丰富和发展一个人的心智，从而使孩子们在经过 13 年的学校教育之后，成为自信、有素养、能独立思考的年轻人。同时，我们想选择一所包含多元文化的学校，这里的教育者所示范的积极行为和习惯能够为孩子所习得和保持。我们与 A. S. 尼尔的观点是相似的，他说过：“生活的目的是幸福……幸福总是意味着美德。”尼尔也是站在巨人的肩膀上说这番话的。亚里士多德曾解释过，幸福来自良好的行为习惯——他称之为“美德”。

我们所担心的是，根据对“丰富的教育环境”的物质化理解，孩子长大后可能会将他们对幸福的理解建立在物质环境的基础上，或者理所当然地认为凡是需要的东西都是唾手可得的——打开壁橱应有尽有。这种环境并不是真实世界的反映，也不符合世界运行的规律。我们希望学校尽量接近校门外世界原本的样子，贴近现实生活。举个例子：如果需要制作一个什么东西，那么，跟学生一起察看周围有什么资源，还需要购买什么材料。这些事情决定了之后，再跟学生一起到木料厂或者五金店等进行采购。

我们认为让孩子明白开展一个活动所需要的步骤是非常重要的。当然，这只是一个理想化的愿景，即使是在最贴近现实生活的学校，也不总是能够做到这样。但是，我们希望学校所传达和渗透的一个理念是，学习是为了加深孩子对于过程的理解。值得庆幸的是，FCS 已经形成了一种能够丰富学生心智的生活方式和文化。

因此，我们不需要没有实质意义的丰富的物质资源，或者看上去让校舍显得更高档的物品。FCS 看上去很普通，这反而给了学校一种亲切感，而不是生硬的体制化的感觉。我们相信，这种像家一样的亲切感对于可塑性极强的小学生来说是非常重要的。孩子们学会了团队合作，学会了如何在不专制的同时发挥领导力，做好自己分内的工作。在 FCS 的日常生活中，我们尽可能地减少学校和生活之间的传统分隔，把学校生活和其他的生活尽可能地整合起来。家长选择了我们，一些原本有能力选择那些看上去更高档的学校的家长也垂青于我们，这令我们非常高兴。这些家长的智慧眼光，越过光鲜的表面落在那些真正重要的事情上，那些真正能够在孩子的心智上留下终生印迹的东西上。而我们就是想让 FCS 成为这样一所着眼于孩子终身发展的学校。

18 周三糖果日和每日大扫除

The candy day and daily clean-up

在学校成立的早些年，我们发现糖果和其他一些垃圾食品经常被孩子们“走私”进来，我们很困惑，不知道如何改变这种现象，就想出了“糖果日”的主意。周三上午活动结束后是烧烤午餐和游泳课，游泳课结束后，就到了孩子们最喜欢的糖果时间。令人吃惊的是，自从允许孩子们每周吃一次糖之后，我们再没有发现孩子们在其他时间带糖进校。这项政策减少了孩子们吃糖果的数量。

我们建议学前班的孩子带着 1.5 澳元来买糖果。在这个购买活动中，孩子们可以讨论如何做预算、如何相互交易及组织糖果小派对。家长可能会告诉自己的孩子购买什么，或者送来一袋在他们允许范围内的糖果，但是老师不会过问孩子如何花费自己的 1.5 澳元或者他们如何拿自己的糖果做交易。

在周三突然造访学校可能会令你极为惊讶。为什么？你会看到孩子们有的在吃冰棒，有的围绕着几小堆糖果，严肃地辩论着怎么分配更加公平，地上散落着一些不小心落在垃圾桶外的糖纸。哦，我的天！这可真不是人们想要看到的场面。

糖果日带来的好处并不仅限于健康。孩子们喜欢走到街角的小店去买糖果，年龄小的孩子一般由教师陪同。在这样的活动中，孩子们可以练习数学，因为他们需要计算用各自带的 1.5 澳元可以买到什么东西。孩子们经常把钱凑到一起用，因为那样更划算。

回到学校后，他们会组织糖果派对，自由分组，选一个自己喜欢的角落坐下，分享、交换糖果，嘴里含着糖果愉快地聊天。糖果日在培养孩子的社会技能方面很有帮助。小孩子学会了不偷拿别人的糖果，因为大家会互相提醒这是不可以的，会破坏大家庭和睦的氛围。

在 FCS，放学后的大扫除时间，也是一个珍贵的固定环节。所有的孩子都参与学校的清洁，这已经成为学校生活的重要组成部分。

一天下来，学校看上去有些乱糟糟的，这时候，孩子们开始进行大扫除。有几对父母曾经对我们说，孩子在这里学会了清洁，这令他们非常感激和高兴。孩子不仅学会了令自己一生受益的技能，同时也明白了乱糟糟的状态是怎么造成的。有能力恢复秩序并且不觉得委屈的人，在生活中会有很大的优势。我们希望家长尊重和鼓励孩子参与这样的活动，并且等孩子们进行完大扫除后再来接孩子。

19 戏剧表演人人有份

Every one has a role to play in the drama

每个学年中的另外一个亮点就是年度戏剧表演，它安排在每年的第三学期末，地点是在当地一所大型公立学校考林伍德学院的大礼堂。那里有着优质的音响、灯光、阶梯座椅以及专业的舞台，特别适合我们这种规模和有这种需求的“社区”学校。

FCS 的年度戏剧表演有什么特别之处吗？对我们来说，这是一项非凡的活动。每个孩子都有自己的角色，而且所担任角色的重要性随着他们年龄的增长而增加。孩子们会很仔细地观察大孩子们如何表演，盼望着有一天也像大哥哥大姐姐那样扮演重要的角色。我们确保每个孩子在离开FCS 之前都有机会扮演主要角色。这样的安排意味着孩子们不需要经过试镜就可以得到一个角色，实际上，剧本是针对那一年即将毕业的孩子特意编写的。

我们的“零试镜”政策使得很多孩子的才华得以显露。我们发现，只要给孩子机会，他们就能胜任，而且这不仅限于戏剧表演。

孩子们中隐藏着巨星，我们的教师队伍也卧虎藏龙，他们当中的很多人会成为颇具才华的剧组成员。除了教师之外，剧组成员还包括现有学生和应届毕业生的父母，以及从前毕业的学生等，从中我们发现了善于写剧本和制作演出服的人、富有音乐才华的人、善于制作道具的人，以及技术高超的灯光师、音响师、化妆师和发型师，等等。每个人，不管是大人还是孩子，都是这个令人兴奋的充满合作精神的集体中的一员。有时候，我们剧组的人数往往超过我们的学生总数。

对过去的很多学生来说，学校戏剧表演是一个大团圆的机会。在演出的当天，他们当中有很多人会从他们正在就读的中学或者大学请假，陆续来到现场，很多人跑去后台帮忙。在校生和他们的父母都很高兴能见到 FCS 往届的毕业生，喜欢跟他们叙叙旧。那些年龄小的孩子，总是带着敬畏的眼神看着他们的学哥学姐，似乎不能相信这些高大的、有天赋的人居然也曾经像他们那么渺小。我们喜欢观察孩子们之间这种神奇的跨越时光的联系，看着这些曾经在眼前活蹦乱跳的小孩子，转眼成长为美丽的少男少女。戏剧表现的就是我们的“社区”生活，而围绕着戏剧表演的这种欢乐的气氛，更加强化了 FCS 的教育愿景。

如果说FCS学生对表演艺术的参与程度很高，这似乎听上去有点言过其实，因为FCS毕竟是个很小的学校。但是，这是真的。对所有学生来说，每年都有几次表演的机会。除了大戏剧，我们在第一和第四学期末还会组织音乐会，每个学期都有社交晚会。卡梅尔是早些年的一位学生的家长，她对这些艺术表演贡献了非常多的智慧和灵感。通过表演，“社区”中每一个人都能参与进来，相互之间更加了解。我们希望所有学生的表演都能够被看到，每一个人的声音都能够被听到。

学期末的音乐会相较于社交晚会来说更加专业，有更大的团体表演项目。FCS的所有孩子都学习跳舞，因此音乐会上父母会观看孩子展示舞蹈基本功。学生按不同的年龄进行组合并表演诗歌朗诵，合唱队也会表演。有时候资深教师尼克的中文课学生会表演小品或歌舞。

社交晚会是在学校举行的，带有旧时家庭音乐会的风格，给孩子（和他们的父母）在一个非正式的友好环境下表演的机会。一些节目可能只有30秒钟时间，比如：刚开始学钢琴的孩子可能会弹奏一首短小简单的《月光光》；学龄前的孩子也喜欢参与，可能会唱一首《小星星》。也许有人会弹一首较长的吉他曲，技艺高超的歌者会演唱一首歌曲。

许多曲目都正在练习过程中，可能并不娴熟，但这并不重要。我们相信，如果孩子在成长过程中能够在众人面前自如地表演，他们也会将这种自信带入成年以后的生活。

我们鼓励父母也来参与演出。我们力图避免的情形是，孩子在表演的时候看到父母只是被动的观众。因为如果这样，等孩子将来做了父母，可能也会这么做。我们不认为表演的乐趣只属于孩子。迄今为止，每年的年末，我们都会将一次晨会变成父母诗歌朗诵会。显然，当父母来这样的场合分享自己最喜欢的诗歌时，他们自己也会从这样的活动中收获巨大的快乐。孩子们显然也很喜欢这样的活动，你会听到他们在底下窃窃私语，谈论哪位家长读的诗歌是自己最喜欢的。

举办家庭和朋友聚会的时候，每个人都可以表演节目，我们希望这样的活动可以持续下去。生活本身是丰富多彩的，当我们每个人都做出贡献的时候，更增加了生活的吸引力。在培养孩子方面，榜样的作用是巨大的。

在社交晚会后有一个简单的晚餐，父母们往往愉快地围坐或者站在一起，一边喝茶一边聊天，身边是跑来跑去的孩子。这样消磨的时光往往会比实际表演的时间还要长！

20 运动会和义卖会
The sports days and fetes

FCS 每天的生活都是特别的。每天花费大量的时间与这么多开心的人一道工作，对我们来说是一件无与伦比的事情。每个孩子都是有着鲜明个性的真实的人，我们喜欢看到每个孩子在 FCS 都有独特的位置，被所有人认识。

家长一直是学校不可或缺的成员。学校的许多传统活动最初都源于家长的提议。例如，卡梅尔是学校音乐会的主要推动者，这使得音乐会成为学校生活的重要组成部分。另外一个重要的年度活动，就是我们的校内运动会，这项活动是很多年前在毕业生父母潘妮和克里斯的提议下设立的，一直由一大群热心的父母参与组织。

运动会能将那些平日“太忙”的父亲们从繁忙的工作中吸引过来。在孩子们的心目中，平时很难见到的父亲的出现，代表这项活动拥有非同一般的意义。

运动会的场地在学校的对面，就是以前的菲茨洛伊足球队用的球场，即现在爱丁堡花园的一部分。我们对自己能够在如此美丽的环境中举办这样精彩的活动真是心怀感激。我们喜欢站在那个巨大的足球场的中央，慢慢旋转，将四周美丽的维多利亚式建筑所构成的美景尽收眼底，那个时候，我们内心感到无比的快乐。所有的学生都会参与运动会，包括在校生还未到入学年龄的弟弟妹妹们。有些竞赛项目是较严肃的，但是也有很多活动是比较轻松的。例如，用勺子盛着鸡蛋赛跑、背着麻袋赛跑、两人三足赛跑等。

整个“社区”都参与到运动会等活动中来，所有人的热情参与，以及父母在这个“社区”中的重要角色，赋予了这些活动独特的意味。

我们每年有两次义卖会。不记得一开始这是谁的主意了，也许来自某个学生或者家长。通过活动所筹得的每一分钱，都不是为了 FCS。义卖会通常可以筹集 1000 澳元左右，我们曾通过这个活动为我们在中国昆明的姊妹学校筹集资金。我们的现任校长蒂姆·贝里曼（他会讲中文，曾经在昆明读书，并多次往返中澳两地）和昆明的托尼·罗是多年的朋友，托尼后来也成立了一所学校，叫作恩龄学校，专门服务于来自农村的贫困的打工者子女。学校向学生家庭收取的费用很少，但即使这样，有些务工家庭还是无力支付。我们所筹集的款项就是用来帮助这些孩子的。

不过令人惋惜的是，这所学校几年前关闭了。我们也曾经支持过其他一些学校，例如泰国一个名叫“低语的种子”(Whispering Seed)的学校，还有柬埔寨偏远地区的学校。我们最近所筹的款项捐给了布基纳法索由蒂姆的朋友所组织的一个慈善活动，帮助那里一些有需要的孩子。

义卖筹款活动全部由孩子自己来组织。我们只需要安排出具体的日子并且告诉孩子，之后的事情就全靠他们了。他们需要自己组织活动，召集父母来帮助他们准备物品，劝说有才艺的老师来协助画脸、做发型或其他活动。大一点的孩子负责决定摊位的设置，并安排每个人的责任分工。他们设计、制作海报并在学校里张贴，将这个活动的消息广而告之，并邀请每个人捐献物品。很多时候，义卖活动的时间眼看就要到了，我们还不知道活动是否真正会举办，心想：孩子们都做好准备了吗？但就像事先上好的闹钟一样，当预定的时刻到来，孩子上完游泳课回到学校，所有事情准备就绪，义卖就真的开始了。

义卖的那一天，学校总是弥漫着兴奋的气氛。家具被重新摆放，摊位都准备就绪，零钱也提前分到各个摊位，义卖开始了。摊位多种多样，有卖蛋糕的，有投掷飞镖活动，有“猜猜罐子里有多少棒棒糖”的游戏，有画脸、按摩、垃圾和财宝（二手物品）、抽彩活动，有卖奶昔和冰激凌、华夫饼的，还有备受欢迎的英式德文郡茶。德文郡茶被优雅地摆上了桌，当参加义卖的父母转完所有的摊位并完成了所有的购买活动后，就可以坐下来，好好地享用一个烤得香喷喷的司康，跟其他家长聊聊天。在学校隔壁负责菲茨洛伊读本工作的海伦是烤司康的高手，她每年都会在这个时候出手相助，制作几百个司康。海伦几年前退休了，现在由其他人来接手这件事，这个传统将一直持续下去。在大众所热爱的电影《音乐之声》中，有这么一句话：当一扇门关上的时候，一扇窗却打开了。在 FCS，这样的事情随时都在发生。我们是如此的幸运！

我们前面写过孩子如何学会独立思考和做事。在义卖会上，孩子们有很多的机会来锻炼和展示独立思考和做事的能力。整个“社区”充满着欢乐的气氛，大人和孩子互相帮助。有趣的是，父母本来以为通过这个活动正好清理家里用不着的东西，结果发现带回家的东西比捐出去的东西还多。但是这一切都是为了一个崇高的目标。我们经常笑着提醒自己：为毕业生写简历的时候，一定要记得把“有经验的活动组织者”这一项写进去。

孩子们在 FCS 能够锻炼和展示多种才能，这令我们非常开心。这不禁让我们想到海雀出版社（Puffin Book）出版的很有魅力的一本小书、艾伦·阿尔伯格写的《老师迪克先生》（*Mr Tick the Teacher*）。这是关于一个快乐的小家庭学校的故事，描述当时学校面临关门的风险，因为人们说这个学校太小了。一位官员来检查学校，他吃惊地发现，学校里的学生比他想象的要多得多。他在学校观摩了不同的课堂活动，然后写了一个非常正面的报告，这令学校里的每个人都非常高兴，因为这意味着学校可以继续办下去了。但是官员没有意识到的是，他看到的所有活动中的孩子，其实都是同一拨孩子，只是他们在参加不同活动时穿上了不同的服装。

书中的老师迪克先生经常会让我们想起FCS。当你没有那么多学生的时候，你需要最大化地利用学生：他们一会儿是体育队，一会儿变成了合唱团，接着他们又变成了戏剧演员，或者辩论队成员，然后又做起了厨师、义卖会组织者，最后他们还是我们为之骄傲的学者。根据我们以往的经验，我们刻意保持很少的学生人数，并不意味着孩子会缺乏机会。相反，这意味着，所有学生都能获得在多个领域发展技能的机会。在一个大学校里，他们可能没有这么多机会，因为他们需要跟更多的学生去竞争有限的机会。

21 “文化历史”课

The cultural history course

“文化历史”（cultural history）课是我们的创新之一，起源于我们的晨会。晨会上除了分享日常的个人新闻和学校计划外，还有足够的时间让大家讨论媒体报道或者本地区刚刚发生的事件。教师会告诉大家与该问题相关的基本事实。我们发现，围绕孩子感兴趣的“当日话题”进行未经事先准备的讨论，能够提高孩子关于世界常识的认识水平。

那么，“文化历史”是什么样的课呢？这个名称是我们自己发明的。每周我们会给大班的孩子上这样的一堂课，这是一个混合式课程，无法纳入当前课表的任何课程中。我们不可能完整地学习历史、地理、天文、动物学、气象学、经济学、工业、比较宗教学等所有课程。但是对孩子来说，能够试着对这些领域进行一些了解，将会极大地刺激他们的好奇心。

自然历史是关于动物、植物等的系列研究。因此，我们认为“文化历史”这个名称更符合我们这个课，可以用来代表影响人类文化的多个主题学科的组合。我们通常会制作一张 A3 的表格，其中一面有 23 个问题，另一面是有趣的图形和文字内容。我们在课堂上会讨论整张表格，然后学生把它带回家并写下问题的答案。有时候孩子需要成年人的帮助，有些成年人自己也对当周的作业非常有兴趣。这样的课我们给大班孩子每周上一次，总共持续两年时间（5、6 年级），这样才能涵盖所有主题。每隔一段时间，我们会加入一个新的主题，或者不得不放弃另一个主题。对我们来说，做一点研究是很有意思的，而且每两年更新一次课程计划会让这个科目保持新鲜感。

新闻里出现的引人注目的自然事件，如海啸、地震或者火山爆发……这些都可以成为一堂新的“文化历史”课的授课内容。迄今为止，我们讨论过的其他话题包括古罗马、古埃及，地球测绘，汽车安全设备发明，澳大利亚选举制度，恐龙，太阳系，蜜蜂、蚂蚁、蜘蛛、蝴蝶，飞行原理，供水系统，蒸汽机、蒸汽系统，各大洲，进化，历史上著名的十大诫命，澳大利亚的进口和出口……任何我们认为他们应该了解的事情，包括宗教。

在维多利亚州，有一场关于公立学校宗教教育的辩论。我们就这一主题写了一封信给《墨尔本时代报》，他们发表了这封信（2011年5月14日）——

亲爱的编辑：

我们教学生学习关于宗教的知识——基督教、伊斯兰教、犹太教、印度教和佛教。宗教是大多数人生活中的一个重要因素。对宗教一无所知是真正的愚昧——这不利于我们对未来的理解和人类的共存。

我们的教师工会希望取缔宗教教育，还有人希望将宗教教育转化为某一种特定信仰的教育。但是，我们真正需要的是承认宗教信仰现象，建立对各种信仰的总体了解，对他人的信仰表示尊重和容忍，以及认可无神论（以及不可知论）的存在。

22 毕业音乐会
The graduation concert

这自然又是整个学年行事历中的一个亮点。尽管一学年下来每个孩子都有一两次登台展示的机会，但是毕业音乐会主要是为应届毕业生特别准备的。每个毕业生都要表演至少一个独立的节目。有时候他们会两人或三人一组来表演更多的节目。节目一般包括唱歌、舞蹈、诗歌朗诵或者乐器表演。

首先校长会发表演说，然后就是令人感动的毕业仪式。这时候，作为学校创始人的我们，还有学校所有的资历较深的员工，包括蒂姆、珍妮特、尼克、莎曼姆和妮基，就会来到台上。往届的毕业生（正在中学就读的）也被邀请来参加典礼。他们来到台上，介绍自己以及自己所就读的中学，分享自己的计划以及对来年的期望。介绍完毕他们也会到台下就座。这些美丽的年轻人愿意来支持这个重要的毕业仪式，令我们感到非常荣幸和自豪。他们的到来为典礼增添了隆重感，同时，也向人们展示了毕业生和母校之间持续的联系。通常从这里毕业并且已经上到 12 年级的所有学生都会来参加我们的典礼。往届毕业生的自我介绍过后，我们会邀请当年毕业班的学生一个一个登台，我们用深思熟虑过的简短话语，将每个学生依次介绍给现场的观众，这样的介绍概括了每个人身上最为独特和令人欣赏的方面。最后我们会送给每个人一句同样的话。前一年我们说的是：祝愿你对校训“先人后事”的理解与日俱增，希望这句话所代表的智慧能够指引你今后的人生。

接下来，蒂姆、菲利普、珍妮特、尼克、莎曼姆和妮基等会向每个毕业学生颁发毕业纪念品。很多年以来，我们送给学生的毕业纪念品都是由威廉·J. 贝内特所编著的《美德书》。在每周四我们所带领的晨会上，这些年轻人都曾听过这本书中许多令人鼓舞的词句。

在这之后，我的儿子、现任校长蒂姆会邀请所有毕业生起立。在为他们感到自豪的父母、12 年级的学哥学姐、亲朋好友以及整个学校的所有人面前，蒂姆郑重宣布他们正式从 FCS 毕业。这是每个人都为之骄傲的时刻，是多年来学校与孩子和父母密切合作的成果。我们为这些孩子的成长而欢欣鼓舞，因为他们在情感、精神、学业以及体能方面已经做好了迈向人生下一阶段的准备。

毕业仪式在大家一起欢唱的校歌声中落下帷幕。我们的校歌，采用的是贝多芬第九交响曲（合唱）主旋律的曲调，歌词是这样的：

让我们唱起一首欢乐之歌
还有爱与理解
（四遍）

在每个重要的场合，我们都会唱起这首歌，当然也包括在学校音乐会结束的时候。已经毕业的学生（正在上中学、大学以及更年长的人）经常来参加这些音乐会，并且会到舞台上和在校的学生共唱这首歌。我们后来很开心地了解到，欧盟国家也选取了这个曲调作为欧盟国家盟歌。

我们绝不会因为对成年生活的准备而牺牲孩子的生活质量；我们也绝不会用单调乏味的苦差事或难以忍受的痛苦来扼杀孩子的精神，又或用任何方式将孩子“制造”为成人。在孩子小学毕业时，如果我们还可以说，我们已经尽了最大的努力使他们有这样一段美好的生活，那么，这就是对我们的教育方式的最好检验，而且我们坚信这是为孩子们的将来所做的最好的准备。

PART 第三部分 THREE

KEEP WALKING
我们一直没有停止脚步

Fitzroy Community School

1 成绩全澳夺魁
Ace the NAPLAN tests

在 2011 年的全澳范围的 Naplan 考试中，FCS 的 5 年级学生在拼写、阅读、语法和标点方面的成绩超过了维多利亚州的所有学校，名列全州第一。

在 2012 年的全澳范围的 Naplan 考试中，FCS 学生的读写成绩名列维多利亚州的第一。

在 2013 年的全澳范围的 Naplan 考试中，在阅读方面，FCS 在维多利亚州的 1834 所学校中，名列前茅。FCS 招生时没有选择生源，并且是全员参加了所有的考试。

2014 年，FCS 的 3 年级学生的阅读成绩超过澳大利亚最好的小学（5 年级因人数太少而未公布成绩，但是估计和 3 年级相差不大）。

2015 年，FCS 的学生没有被选中参加测试，但自测结果显示——

阅读能力：

3 年级成绩为 588 分，全澳平均成绩为 426 分。

5 年级成绩为 605 分，全澳平均成绩为 499 分。

语法和标点：

3 年级成绩为 538 分，全澳平均成绩为 433 分。

5 年级成绩为 576 分，全澳平均成绩为 503 分。

数学：

3 年级成绩为 502 分，全澳平均水平为 398 分。

5 年级成绩为 594 分，全澳平均成绩为 493 分。

在 2016 年的全澳范围的 Naplan 考试中，全员参加测试的 FCS 学生在维多利亚州的 586 所非公立小学中，在阅读方面位居第一。在澳大利亚 2327 所非公立小学中，FCS 的阅读成绩排名第四。在所有测试科目（包括数学）中，FCS 在维多利亚州 586 所学校中排名第五，在澳大利亚 2327 所非公立小学中排名第十五。

FCS 在历年的全澳测试中取得了骄人的成绩，而我们在招生时从不测试孩子，不像许多独立学校那样择优录取。FCS 学生的阅读成绩尤其出色。我们所开发的阅读教材，非常注重理解、语法、标点、拼写和创造性写作的训练。

2 家长签署的“绿色协议”
The green sheet

FCS不是一所“平常”的学校，而是一所独一无二的学校，建立在特定的价值观之上。拥有同样价值观的父母会选择它。我们会跟所有选择我们的家庭签署一纸绿色的协议文书，目的是确保家长真正赞同我们所提供的教育服务。

这纸协议文书列出了我们学校的特征，这些特征可能会使得个别家庭无法接受我们学校。当然，我们无法预见家长选择或更换学校的所有理由。有时候，家长选择某个学校可能只是因为要搬家或者出于对家庭经济能力的考虑。即使是考虑并接受了协议中所有的规定，任何一个家庭仍有权利在任何时间因为任何原因而退出学校。

我们的学生数量维持在罕见的稳定水平。有好几次，我们从上一年过渡到下一年的时候，学生人数没有任何变动——刚入学的新生以及毕业生另当别论。

以下是绿色协议的具体内容，每一项都有一个简短的说明。我们会对条款逐一进行口头解释，并与家长交谈，看看他们对此有何感受。

条款一：伙伴关系

我们学校和家庭的关系就好比是一个老式的大家庭。我们与家长的对话比大多数学校都要多，对话可以由教师或者家长任何一方发起。如果我们的教师认为孩子出现了什么问题——那些我们认为自己无法处理的问题——我们会直接找家长。与其他一些学校不同，我们不会以“避免让家长担心”为由，对孩子学习或者行为方面的问题秘而不宣。我们期待家长对孩子的发展表现出合理的兴趣，并且以一个成熟的成年人的姿态与老师进行合作。如果我们认为家长对孩子的健康发展不利，我们将不同意按家长的意愿行事。如果我们感到孩子发育受到严重妨碍，我们会向家长表达我们的观点。

条款二：完整儿童

我们的目标是让孩子在精神、社交、情感、道德以及身体上得到全面发展。我们不同意将个别孩子排除在课堂、会议、讨论，体育活动、远足，艺术创作、媒体活动或者野营之外。对于这些活动，我们不会请求家长并征取他们同意：我们不同意将任何一个孩子排除在这些生机勃勃的活动之外。

曾经有些家长担心发生碰撞，不想让他们的孩子参加公园的体育活动，有些家长希望他们的孩子退出灌木林的露营活动。的确，判断这个世界对他们的孩子是否安全是家长的职责，但是我们学校只为某一类家长服务：这些家长相信，通过我们学校的实践活动，孩子可以获得自信和成长，而这比过度保护孩子，然后在孩子错过最佳个性发展期以后，将毫无准备的他们投入这个社会，要安全得多。

我们通过让孩子参与戏剧、舞蹈或者媒体活动，使他们与艺术家、记者或者其他有创意的人进行愉快的接触。我们希望孩子们接触更广阔的世界，了解其中的生活。是的，这个世界有危险，但是我们相信经验丰富的孩子比那些与世隔绝的孩子更善于处理这些危险情况。

条款三：多元主义

学校里没有“内部团伙”。我们欢迎不同类型的家庭：不同宗教信仰、不同民族、不同饮食习惯、不同家庭结构。在我们这里你会很开心地看到，你的孩子和许多不同年龄、不同性别、不同阶级、不同种族、不同籍贯、不同世界观以及不同生活方式的人成为朋友。

我们坚持认为，孩子们必须通过教育去学习和了解他们所生活的这个世界：孩子需要知道人们的想法。在学校的会议上，想法或者事件——包括过去、现在或者将来的——都会在一个适合其年龄的层面上得到讨论。由教育者选择的演讲嘉宾可能会讲述他们的宗教信仰、文化、某个特定的问题或者他们所从事的工作。有些家长担心孩子会被灌输某些理念，但是我们通过让孩子接触不同的世界观，避免了这种情况。这是关于世界的教育，关于人类同胞的教育。我们选择提供这样的教育，而不是让孩子保持无知。我们的学生在成长过程中就已经明白，世界上有着许多的思想流派。

我们反对在孤立状态下养育孩子，或者只让他们接触某一种狭隘的世界观，然后等他们毕业后将他们扔到这个世界上。这种对思想多样性的无知，使得孩子们对于在 21 世纪这个有着几十亿人口以及丰富的多元文化的世界中如何生活显得毫无准备。我们具有国际意识，我们认识到，孩子未来会生活在一个更加全球化、远离狭隘的世界文化中。

条款四：费用

最大的一笔费用是学费：这通常是所有非公立学校都会收取的费用。这笔费用将用于支付日常性教学成本。2014 年及以前，我们每学期的学费是 2600 澳元（一年有 4 个学期，现在每学期为2800~3000澳元)。家长通常还会向学校的建筑基金进行捐赠（这部分捐赠是可以享受税收减免的)。

除上述费用外，为了方便家长，我们同时还收取其他三笔款项：午餐费、学习材料费（用于支付孩子们的教材、其他材料和远足）以及艺术活动基金（自选活动，如钢琴课)。这些是无论进入哪所学校都必须要交纳的费用。

条款五：没有委员会

这所学校不是由委员会管理的。学校的创办者设计了一所可供家长选择的学校。校长决定课程以及学校管理规程，但总是乐于听取家长的建议，其中一些建议已经被采纳，学校也因此得以生存和发展。

这项条款的目的是保护学校免遭致命的内部分裂的影响，这种分裂已经摧毁了几乎所有的非传统学校。

家长不通过委员会参与学校实际管理，这意味着，这所学校总能摆脱内部的压力，总能维持和谐，这是学校的幸运。

条款六：安全问题

我们的教育愿景是促进个体赋能。所谓学校对学生的照管义务，可以从短期和长期两个角度进行理解。我们倾向于从长期的角度来理解。我们很开心看到孩子们在警觉性和能力方面的成长。我们学校带着学生远足、露营和探险的机会比普通学校更多。我们也允许孩子使用手工工具、陶器、餐具、烤箱等。过马路则另当别论——除了大班的孩子，所有学生都在成年人监督下过马路。有些家长可能不赞同孩子在此所享受的更大尺度的自由和所承担的责任。那么，这些家庭应该另寻他处。

条款七：人格发展

我们的学校与某些学校不同的一点是，我们让学生为自己的行为负责。我们相信这是孩子通往好公民的正确途径。我们不会假设孩子对他人的伤害或者造成的财产损失必然是出于恶意或者有意为之，但是我们的确会让他们对自己行为的后果负责。

举一个典型的例子，一个小男孩肩上扛着一根棍子满院子逛。他一转身，棍子的后端戳了别人的眼睛。他可能会说自己不是故意的。我们也相信他。但是我们会指出他引起了别人的不适，所以他应该负责任地向对方道歉。他表示将来会小心行事，而事实证明他也的确如此。长期以来这项条款在个性塑造方面让学生受益匪浅。

条款八：身体接触

近年来澳大利亚大多数学校都采取了一项条款，即老师不能和学生有身体的接触，在有些学校，学生甚至不可以互相拥抱或者握手。我们学校没有采取这项零碰触的政策，因为我们认为这是非自然的。我们学校允许友好的身体接触、自愿的嬉戏打闹，但在必要的情况下我们会采取暂时的身体约束措施。但我们没有惩罚的制度。当然，我们有经常性的针对不恰当行为的小组讨论。也因此，我们和学生之间有高度的信任与合作。

条款九：监督

偶尔，年幼的孩子（通常是刚入学的小男孩）会经历一个阶段，即通过反复忽视教职工提出的所有合理要求来试探社会的外部边界。在这种情况下，我们不愿意置之不理，使其继续下去。我们学校的教职工会动用他们的权威，例如，将孩子从他攀爬的墙上拎下来，并让他回到座位上。我们这么做不是为了班级其他人的利益，而是为了这个孩子将来的社会能力考虑，有时候我们甚至会让全班一起反思什么样的行为才为社会大众所接受。但是如果上述情形反复出现，孩子可能会被带去见校长。严重时，老师将约家长面谈。

条款十：政治与谣言

如果家长有疑虑，可以通过在学校待上一段时间，并与老师或者家长聊天来打消疑虑。我们永远对家长敞开大门，学校经常有家长来访。我们在绿色协议上写下这部分，是因为过去我们有这样的经历，即家长因为听到关于学校的一些故事而连续几个月都忧心忡忡——而这些担忧本可以很容易地快速得到解决。

有一个例子我们经常引用。有个关于我们的故事流传了几十年，说我们的一个孩子曾出生在教室里。这是无中生有的故事，现在，每当有人拿这个“都市神话”来质问我们的时候，我们会回答说：抱歉，我们还没有那么牛。

在当地一家报纸报道我们获得了多萝西娅·麦凯乐最佳小型学校诗歌奖后，另一个流传开来的故事则说我们是一所“填鸭式”学校。当时还有一幅关于我们的漫画：一个冒烟的工厂旁边印着“填鸭教学”。他们可能没有意识到，我们在教室里面的时间有多么少！

最近流传的谣言是说我们会严格和谨慎地筛选孩子，以保证我们能够在全澳读写算水平测试中取得优秀成绩。事实上，我们在招生时甚至从不向家长询问孩子的学习成绩，而我们录取的孩子总是拥有多种多样的能力。

条款十一：家长的参与

在孩子上课期间，学校欢迎家长到学校来。他们可以在学校的厨房和院子里吃东西、喝茶聊天。晨会也欢迎家长的参与。老师如果和某位家长很熟，还可以邀请他们来协助上课。但这些都不是强制性的。还有，在课堂上家长需要按照老师的要求去做。如果家长愿意并且有能力分享某个特别的兴趣爱好，可以在校长的邀请下带领小组开展一场活动。

条款十二：学业与社交

学校存在的理由是促进个人的发展——孩子有信心表达自己，能够对别人表示关怀和体贴，并在主动性和责任感方面获得成长。我们有很高的学业水平，但仅仅为了获得好的分数而录取一个孩子是不恰当的。我们有事先制订好的活动时间表，但是老师可以随时更改预先计划的活动。周三没有任何学业课程的学习。对大多数孩子来说，他们每天都有一节课的自由时间——我们认为一些非结构化的情境特别有助于培养孩子的生活技能，帮助他们进行自我发现。

条款十三：糖果日

孩子们过去经常把糖果偷偷带到学校。现在我们有个规定，周三的活动如烧烤午餐和下午的游泳课之后，孩子们可以吃棒棒糖。这项规定能够减少吃糖现象。我们建议学前班的孩子带 1.5 澳元（现在是 2 澳元）来买糖。在购买活动中，孩子们可以讨论如何做预算、如何相互交易和组织糖果派对。家长可能会告诉自己的孩子购买什么，或者送来一袋在他们允许范围内的糖果，但是老师不会干涉孩子如何花费自己的钱，或者他们如何拿自己的糖果做交易。

条款十四：共同利益

我们认为，任何一所学校都有责任发展孩子与他人合作以及分组工作的能力。他们需要学习轮流发言及与人分享的礼仪。我们没有期望孩子在入学的时候就具备这些社交技巧和礼仪，但是我们的确期望家长支持我们为了培养孩子的团体意识而做的努力。

条款十五：FCS 的团体

当前孩子们用三种方式组建团体。有两类是活动团体，一个名为“澳大利亚人”（其中又分成以动物名字命名的小组，如澳大利亚野狗、针鼹鼠、鸭嘴兽、树袋熊、袋鼠、袋熊，每个小组都包含 5 ～ 12 岁的孩子）；另一个名为“非洲人”（其中又有狮子、老虎等小组），是按照年龄分的。

第三类团体是学业型的，包括学前班、小小班、小班、中班和大班，我们将小学的七个年级分为这样的 5 个组。通过这些不同的小组，老师可以灵活地将孩子放到最适合他们的地方，能让他们经常体验到成功，同时不会因为学习过于深奥的东西而丧失信心。

教职工（而不是家长）将决定每个孩子适合哪个学业组。

条款十六：无过错分手

在极少数情况下，某个不安的家长可能会对学校某种做法表示强烈反对，而这又是我们学校不愿意改变的一个方面。在这种情况下，我们不想让教职工花费太多的精力与不满的家长辩论。为了防止这种令人精疲力尽又无望解决的冲突出现，学校制定了“无过错分手”的条款。也就是说，教师和家长的合作关系，可以理解为两个成熟的成年人之间的“试婚”，任何一方都能以性格不合或者感到压力为由提出友好分手——任何一方都不用将分手视为羞辱或者灾难。

为什么我们要这么细致地向读者解释学校的政策条款？因为处理家长和教育者之间的矛盾，是学校所有任务中最棘手的事情。通过与未来的家长一起阅读绿色协议，令人痛心的冲突大大减少了。

在接收家庭加入学校以前，家长和教育者公开认同这样一纸“协议”是很重要的。学校应该清楚而公开地阐明给孩子提供什么样的服务。

几乎所有时候，我们的老师、家长和孩子之间的互动都是愉快的，我们从来没有过需要援引学校条款来解决问题的时候。但是在入学之前清楚地阐明这些条款并获得认同，似乎对学校的和谐起到了巨大的作用。

在任何社会中，父母的本能都是最强大的力量：比起其他人，父母往往愿意在自己孩子身上付出更多。胆小怯懦的人不适合运营学校。当家长变得焦虑的时候，我们必须表现出最好的状态，要记得自己为什么要做这份工作，并且必须总是将孩子的利益放在首位——无论争论有多激烈。在 FCS，孩子知道自己做得很好，而这也提升了他们的士气。当家长们看到这个，他们表达的感激又成为强有力的支持。我们与家长通力合作，而不是与之对抗。

3 红桉树学校
The Candlebark School

我们影响了澳大利亚著名作家约翰·马斯登，他后来成立了著名的红桉树学校。

红桉树学校位于墨尔本以北 50 公里处的罗姆西。约翰和我们在 2000 年左右偶然相识。我们一个学生的妈妈吉娜，曾被派到当地小学去教书。约翰正好去学校介绍他的新书《对 21 世纪的祈祷》(*prayer for the 21st Century*)。当约翰讲完后，吉娜向他介绍了 FCS，说她觉得他的这本新书肯定会吸引我们。约翰于是拿了一本书，在上面签下自己的名字并写下："给菲：希望你有很多的冒险。约翰。"

约翰的《对 21 世纪的祈祷》采用了诗歌的形式，每页有一首诗，表达了他对 21 世纪的期望。每一个祈祷都有一幅独特的插画，通常是一幅世界名画或艺术作品。其中一首祈祷诗歌是："愿我们的恐惧使我们成为英雄。"

在我们给 5、6 年级孩子上的英语课上，每个孩子都要写下他们对 21 世纪的祈祷。在妮基老师的艺术课上，孩子们还画出了自己对 21 世纪的祈祷。孩子们的作品带给我们极大的惊喜和启发，他们具有非凡的反思能力和想象力，只要我们给他们创造一个安全的港湾，让他们能够抒发个人的想法、感情、想象和梦想，他们总能带给我们无限惊喜。我们将这些诗歌和艺术作品制作成了一本书。

我们想邀请约翰到学校来，好把这本手作献给他。我们于是以菲的名义给他写了封信，同时也对他的赠书表达了感谢。约翰接受了邀请，并说他其实很早就想来参观我们的学校，而且他对非传统学校教育很感兴趣。

约翰深深被我们孩子的作品打动，我们也为约翰所感动。我们因此建立了稳固而长期的友谊。约翰来我们学校访问了好几次，并邀请我们去他的庄园 (The Tye Estate) 参观他举办的写作营地活动。我们在之后的几年里都去了他的写作营。在我们去写作营的日子里，约翰经常在晚餐后，或者等孩子都入睡以后，跟我们或者我们的员工畅谈他对教育的梦想。约翰说，他经常有开办学校的想法。一天晚上，我们对他说：“那为什么不做呢？”约翰要开办学校有着得天独厚的优势，他有一座美丽的庄园，建筑也非常适合作教室。

几个月后，约翰宣布他决定要在自己的庄园开办学校。他问我们，他是否可以每周来 FCS 工作两天，连续两年，以积累开办学校所需要的各种经验。你可以想象，我们知道约翰来学校工作时有多么开心！

约翰·马斯登是一位特别有天赋的教师，他的贡献大大丰富了我们的英语学习项目。FCS 的老师和约翰之间的交流活动也从此建立。我们以及现任校长蒂姆，仍然跟约翰保持着密切的联系。

直到现在，红桉树学校的整个小学部有时还会来访问 FCS，我们也很高兴时不时能去罗姆西访问红桉树学校。两所学校的外部环境完全不同：FCS 是一所市内的学校，在布朗斯维克的一座排屋内；而红桉树学校则位于广袤的农村。但正是这种不同使得两所学校的学生交流活动变得更加愉快，学生们也相处得很好。员工有时候也会参加对方学校组织的戏剧演出。几年前，FCS 的年度戏剧就是约翰改编的查尔斯·狄更斯的《圣诞颂歌》。两所学校经常交流想法，建立了一种极其宝贵的友谊。

FCS 启发了红桉树学校的诞生，这一点让我们感觉很欣慰。红桉树学校有自己的精神气质，并且一直发展得很好。我们对未来的梦想就是希望看到更多的独立小学校出现，每个学校都有自己的特点。这样的学校的领导者，一定会用心地培养孩子的人格，而不只是关注学业成绩。这样做的目的是为孩子提供一个幸福完整的童年，为未来美好生活打下基础。

我们鼓励他人办学校的梦想逐渐成真。艾丽娅中学是位于霍桑的一所非传统中学，也是在 FCS 的启发下成立的。创始人是鲍勃·摩根，他的三个孩子曾经在 FCS 学习。他和他的妻子莱思丽·丹妮兰找到我们的时候，他们最大的孩子已经上了几年学，但是非常不开心。后来他们的孩子都转到我们这儿上学，当最小的孩子到 6 年级接近毕业的时候，鲍勃决定创办艾丽娅中学。鲍勃本人是一位经验丰富的数学教师。在他成立学校的最初几年，我们提供了力所能及的情感和实际的支持。艾丽娅中学现在已经很稳定，能够提供传统中学之外的另一种选择，同时能够保证学生获得维多利亚教育证书所要求的技能。

2014 年我们在墨尔本市区的桑博瑞区成立了 FCS 的第二个校区，这个校区的成立要归功于 FCS 的第二任校长蒂姆·贝里曼的想法和干劲。蒂姆在这个过程中也经历了干大事所不可避免的所有典型挫折，包括当地社区报刊登诋毁文章（后来该文章撤回）。然而，桑博瑞校区在 2014 年 1 月 31 日正式成立了，菲茨洛伊和戴瑞斌的市长，FCS 校长蒂姆和桑博瑞校区的校长韦恩以及他的妻子若埃勒，还有

FCS 的毕业生和在校生、他们的家长，以及很多朋友，都出席了成立仪式。看到 FCS 的理念能够惠及更多孩子，我们为之欣喜。

我们也曾经鼓舞过其他教育者。最近我们得到的一个最令我们振奋的消息是，曾经在“为澳大利亚而教”项目下跟我们一道工作的詹姆士告诉我们说，他打算在墨尔本市区的北部成立自己的学校。詹姆士前来访问并向我们征求建议，包括了解办校过程中需要协商解决的种种障碍。

“为澳大利亚而教”是联邦政府的一个两年期项目，2010 年在墨尔本大学率先实施，目的是吸引热情又聪明的大学毕业生直接进入教学领域，而不必完成全职的教师培训课程。除了在大学听课，加入这个项目的老师需要选择一所学校，并在一位有经验的教师督导下获取实际经验，有点类似学徒制。在接受“为澳大利亚而教”的项目培训活动后，詹姆士就去了塔斯马尼亚教书。当我们听到他想办学校的想法时，我们非常高兴。

对那些希望润泽学生精神的教育者，FCS 将一如既往地给予支持。